4ᵉ SECONDAIRE

416

TOME 2

Regards mathématiques

André Deschênes   Guy Breton   Antoine Ledoux

avec la collaboration de

Richard Bertrand   et   Claire Bourdeau

CEC
LES ÉDITIONS CEC INC.

8101, boul. Métropolitain Est, Anjou, Qc, Canada. H1J 1J9
Téléphone: (514) 351-6010   Télécopieur: (514) 351-3534

Directrice de l'édition
Josée Charbonneau

Directrice de la production
Lucie Plante-Audy

Chargée de projet
Diane Karneyeff

Recherche iconographique
Diane Karneyeff
assistée de Claude Bernard

Réviseures linguistiques
Monique Boucher
Diane Karneyeff

Conception et réalisation graphique
Productions Fréchette et Paradis inc.

Illustrations
Danielle Bélanger

Infographie
Dan Allen

Illustrations techniques
Marius Allen
Dan Allen
Claude-Michel Prévost

Maquette et réalisation de la page couverture
Matteau Parent Graphistes inc.

Dans cet ouvrage, la féminisation des titres de fonctions et des textes s'appuie sur les règles d'écriture proposées par l'Office de la langue française dans le guide *Au féminin,* Les Publications du Québec, 1991.

Dépôt légal : 1er trimestre 1997

Bibliothèque nationale du Québec

Bibliothèque nationale du Canada

ISBN 2-7617-1323-0

Imprimé au Canada

1 2 3 4 5 01 00 99 98 97

Remerciements

Les auteurs et l'éditeur tiennent à remercier les personnes suivantes qui ont collaboré au projet à titre de consultants ou consultantes :

Jean-Marc Angers,
  enseignant, école secondaire Donnacona

Claude Delisle,
  animateur pédagogique

Diane Demers,
  consultante en mathématique

Denise Dion,
  enseignante retraitée, polyvalente de Charlesbourg

Suzanne Légaré,
  animatrice pédagogique

ainsi que ceux et celles qui ont collaboré de près ou de loin au projet.

TABLE DES MATIÈRES

SIGNIFICATION DES PICTOGRAMMES

L'*Investissement* est une série d'exercices ou de problèmes qui permet d'appliquer immédiatement les notions de base qui viennent d'être apprises.

 FORUM

Le *Forum* est un moment de discussion, de mise en commun, d'approfondissement et d'appropriation de la matière nouvellement présentée.

 ▸▸▸ Math Express 1 ▸▸▸

La rubrique *Math Express* constitue la synthèse théorique des sujets traités précédemment. Elle rassemble les grandes idées mathématiques qu'il faut retenir.

La *Maîtrise* est une suite d'exercices et de problèmes visant à consolider l'apprentissage. Les couleurs des touches ont chacune une signification particulière :

 : exercices et problèmes de base;

 : problèmes d'applications et de stratégies;

 : problèmes favorisant le développement de la pensée inductive et déductive;

 : problèmes favorisant les liens et le réinvestissement des connaissances mathématiques;

 : problèmes intégrant l'usage de la calculatrice.

La *Capsule d'évaluation* permet de dépister toute faiblesse en cours d'apprentissage. On y mesure les acquis conformément aux objectifs à atteindre.

Sous la forme d'une entrevue, *Rencontre avec...* invite à connaître ceux et celles qui ont contribué à développer la mathématique à travers les âges.

La rubrique *Mes projets* est une invitation à mettre en application les apprentissages à travers une activité créatrice.

Le *Leximath* est un lexique mathématique. Il donne la signification des mots du langage mathématique. On y retrouve également les principales habiletés à acquérir au cours de l'itinéraire.

Ce pictogramme indique que cette page se retrouve dans le guide d'enseignement et peut être reproduite.

Regard 4

L'ANALYSE DE DONNÉES STATISTIQUES

Les grandes idées

▶ Études statistiques.

▶ Échantillonnage.

▶ Mesures de position.

▶ Diagramme de quartiles.

▶ Analyse et communication.

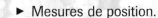

Objectifs terminaux

▶ Résoudre des problèmes portant sur une collecte de données.

▶ Résoudre des problèmes en utilisant des mesures de position.

Objectifs intermédiaires

▶ Distinguer échantillon et population.

▶ Justifier le choix du recensement, du sondage ou de l'enquête afin d'obtenir de l'information.

▶ Décrire les caractéristiques d'un échantillon représentatif d'une population donnée.

▶ Choisir une méthode d'échantillonnage appropriée pour rechercher de l'information.

▶ Déterminer les sources possibles de biais au cours d'une recherche d'information.

▶ Comparer deux échantillons provenant d'une même population.

▶ Distinguer les mesures de tendance centrale, les mesures de position et les mesures de dispersion.

▶ Dans une distribution, attribuer un rang cinquième ou un rang centile à des données et vice versa.

▶ Utiliser des mesures de position pour comparer des données.

▶ Construire et interpréter un diagramme de quartiles.

▶ À l'aide d'outils statistiques, dégager des informations qualitatives concernant une distribution à un caractère.

POPULATION ET ÉCHANTILLON

Dans le journal

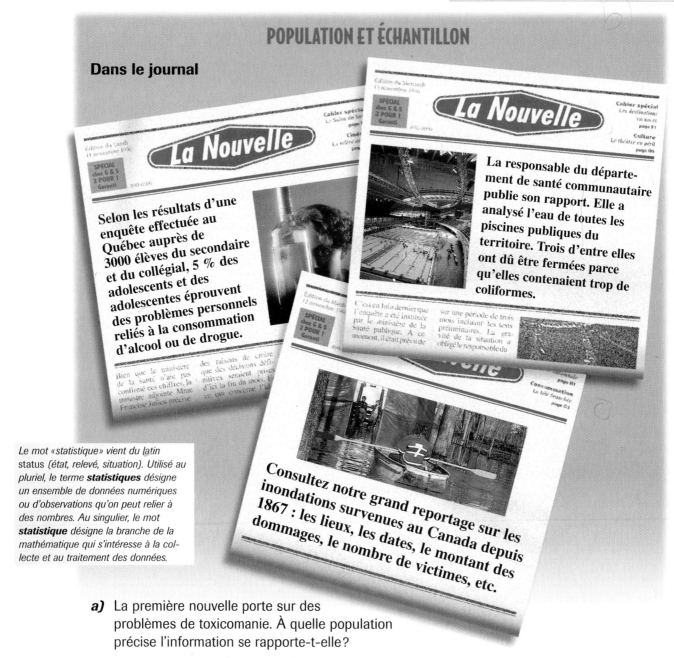

Selon les résultats d'une enquête effectuée au Québec auprès de 3000 élèves du secondaire et du collégial, 5 % des adolescents et des adolescentes éprouvent des problèmes personnels reliés à la consommation d'alcool ou de drogue.

La responsable du département de santé communautaire publie son rapport. Elle a analysé l'eau de toutes les piscines publiques du territoire. Trois d'entre elles ont dû être fermées parce qu'elles contenaient trop de coliformes.

Consultez notre grand reportage sur les inondations survenues au Canada depuis 1867 : les lieux, les dates, le montant des dommages, le nombre de victimes, etc.

> Le mot «statistique» vient du latin status (état, relevé, situation). Utilisé au pluriel, le terme **statistiques** désigne un ensemble de données numériques ou d'observations qu'on peut relier à des nombres. Au singulier, le mot **statistique** désigne la branche de la mathématique qui s'intéresse à la collecte et au traitement des données.

a) La première nouvelle porte sur des problèmes de toxicomanie. À quelle population précise l'information se rapporte-t-elle ?

b) Dans l'étude de la responsable du département de santé communautaire :

   1) Quelle était la population visée ?

   2) Quel était le sujet précis ou le caractère de l'étude ?

c) Quelle est la population visée dans le dernier grand reportage et de quels caractères traite-t-il ?

Une étude statistique vise un ensemble de personnes, d'objets ou d'événements que l'on appelle **population.** Ce sur quoi porte précisément l'étude est appelé **caractère.**

Les universitaires appréhendent l'avenir

En septembre 1996, une étude du département de sociologie de l'Université de Montréal, faite auprès de 2 400 étudiantes et étudiants universitaires québécois, concluait que 60 % d'entre eux estimaient qu'il leur serait difficile d'obtenir un emploi dans leur champ d'étude.

250 000
24.00

a) Les enquêteurs n'ont pas interrogé toute la population étudiante universitaire du Québec. Ils n'en ont considéré qu'une partie ou échantillon. Combien de personnes formaient l'échantillon ou quelle était la taille de l'échantillon?

b) À ton avis, est-il acceptable de tirer une conclusion sur les 250 000 étudiants et étudiantes universitaires québécois à partir d'un échantillon de 2 400 d'entre eux?

c) D'après cette étude, sur les 250 000 individus qui forment cette population, combien pensent qu'ils auront de la difficulté à se trouver un emploi?

d) Partages-tu l'avis de ces étudiants et étudiantes?

Un **échantillon** est un sous-ensemble d'une population. La **taille** d'un échantillon est le nombre d'éléments qu'il contient.

RECENSEMENT, SONDAGE, ENQUÊTE

Soyez du nombre!

Cette opération a nécessité le travail de plus de 40 000 personnes et un budget de 357 000 000 $. Les premiers résultats ont commencé à paraître 8 mois après le jour de la cueillette des données.

a) Que penses-tu des ressources nécessaires à la réalisation d'un recensement?

b) Qui doit répondre au questionnaire du recensement?

c) Quel est le principal avantage d'un recensement?

Les recensements ne datent pas d'hier! Au début de notre ère, l'empereur romain Auguste ordonna un grand recensement. Ce serait pour inscrire leurs noms sur les registres que Joseph et Marie se rendirent à Bethléem, où naquit Jésus.

Un **recensement** est une étude statistique où tous les éléments de la population sont analysés sous différents caractères. C'est un instrument d'analyse où le **degré de certitude** est **très grand** mais qui demande habituellement **beaucoup de ressources** humaines, matérielles et financières.

d) Outre les ressources humaines et financières, de quelles ressources matérielles peut-on avoir besoin pour effectuer un recensement?

e) Quel peut en être le coût?

La priorité du gouvernement

En juin 1996, un journal publiait l'article ci-dessous.

le Quotidien

Édition du Lundi 24 juin 1996, tirage 45 000

Météo ensoleillé en matinée, ennuagement progressif au cours de l'après-midi, 30 % de probabilité d'averse au cours de la soirée.

546603 - 6000453782-00

«62 % des Québécois et Québécoises sont d'avis que le gouvernement doit faire de la réduction de la dette une de ses toutes premières priorités.»

Ce sondage a été effectué au Québec auprès d'un échantillon de 1 000 personnes âgées de 18 ans et plus. La marge d'erreur est de 3 %, et cela 95 fois sur 100.

C'est à l'Hôtel du Gouvernement, à Québec, que siège l'Assemblée nationale.

a) Est-ce que tous les individus de la population analysée ont été consultés?

b) Que signifie la phrase «La marge d'erreur est de 3 %, et cela 95 fois sur 100»?

c) Pour quelles raisons effectuerait-on un sondage, qui contient toujours une certaine incertitude, alors qu'un recensement est plus certain?

Un **sondage** est une étude statistique où l'on analyse un **échantillon d'une population** pour tirer des conclusions sur la population elle-même. Malgré un certain **degré d'incertitude,** un sondage effectué correctement donne une image suffisamment précise de la situation. On l'utilise notamment lorsque la **population** est **trop nombreuse** ou **inaccessible,** lorsque les ressources matérielles ou humaines pour un recensement **ne sont pas disponibles** ou encore lorsque la **nature** même de l'enquête le nécessite.

d) Pourquoi un recensement est-il irréalisable dans les cas suivants?

1) Pour connaître certaines caractéristiques de la population de morues dans l'Atlantique.

2) Pour connaître le type de personnes qui ont écouté «Le Grand Gala» télévisé.

3) Pour connaître la durée de vie des ampoules d'une marque donnée.

La nouvelle émission de télévision

Une chaîne de télévision reçoit un projet pour une nouvelle émission : «Jeunes PDG». On y rencontrerait des jeunes qui ont créé leur propre entreprise. Pour savoir s'il doit aller de l'avant avec ce projet, le directeur des programmes consulte divers groupes de personnes.

Il convoque une réalisatrice, un régisseur, un caméraman et une décoratrice, et discute des aspects techniques du projet. Il réunit un groupe d'une dizaine de jeunes spectateurs et spectatrices potentiels et leur demande de discuter et de donner leurs impressions. Enfin, il consulte une firme spécialisée en marketing pour voir si l'on pourra intéresser des commanditaires.

De plus en plus de jeunes se créent un emploi «sur mesure» en fondant leur propre entreprise.

a) Cette étude est-elle un recensement? Justifie ta réponse.

b) Cette étude est-elle un sondage? Justifie ta réponse.

Une étude statistique plus complète faisant habituellement intervenir des experts et utilisant diverses techniques de collecte de données est appelée une **enquête.** On y a recours lorsque les sondages ou les recensements sont insuffisants ou inadéquats.

Les **recensements,** les **sondages** et les **enquêtes** constituent les principaux types d'**études statistiques.**

PROCÉDÉS DE COLLECTE DE DONNÉES

Tous les moyens sont bons pour vous connaître

a) As-tu déjà rempli un questionnaire pour un sondage?

b) As-tu déjà répondu à un sondage téléphonique, ou quelqu'un de ta famille l'a-t-il déjà fait?

c) A-t-on déjà demandé ton opinion sur un produit dans un magasin ou dans la rue?

d) As-tu déjà vu une personne comptant le nombre de cyclistes portant un casque à un endroit précis d'une piste cyclable?

e) Les tourniquets à l'entrée d'un stade ou les lecteurs optiques utilisés dans les supermarchés sont des exemples d'appareils qui enregistrent des données automatiquement. Connais-tu d'autres appareils de ce genre?

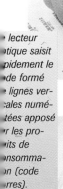

lecteur optique saisit rapidement le code formé de lignes verticales numérotées apposé sur les produits de consommation (code barres).

Plusieurs **procédés** peuvent être utilisés pour **recueillir les données,** notamment :

- le **questionnaire écrit,** rempli par une personne et retourné au sondeur;

- l'**entrevue téléphonique,** où le sondeur pose les questions au téléphone;

- l'**entrevue en personne,** souvent dans un lieu public;

- l'**observation directe,** où le sondeur note les événements ou le comportement des personnes à l'aide d'une grille d'observation;

- l'**observation documentaire,** où les informations sont prises dans des banques de données;

- l'utilisation d'**instruments** mécaniques ou électroniques. Internet

1. Dans chacun des cas suivants, décris la population et les caractères étudiés.

   a) Le conseil étudiant consulte tous les élèves d'une école pour connaître leur avis sur les activités parascolaires à organiser durant l'année.

   b) Le contrôleur de la qualité vérifie les normes de fabrication dans une usine qui produit des voitures. Il vérifie 1 voiture sur 10.

Les techniq[ues] statistiques pour le contrôle de [la] qualité et d[es] procédés s[ont] utilisées da[ns] l'industrie e[t le] domaine de[s] services.

   c) Une candidate à la mairie demande à ses partisans d'effectuer un sondage auprès des électeurs et électrices de la municipalité pour connaître ses chances d'être élue.

   d) Un inspecteur de la compagnie de transport en commun note l'heure d'arrivée de chacun des autobus des parcours 3 et 7.

   e) La directrice d'un important centre culturel remet au conseil d'administration un rapport indiquant le nombre de spectateurs et spectatrices à chacun des spectacles présentés au cours de l'année dernière dans les diverses salles du complexe.

   f) Une fanatique de hockey consulte tous les jours le journal pour connaître les statistiques individuelles des joueurs de la Ligue nationale de hockey.

   g) Chaque année, la Société de l'assurance automobile du Québec publie des statistiques concernant les accidents survenus sur les routes du Québec. On peut connaître, par exemple, le nombre d'accidents causés par l'alcool au volant.

En 1995, le Québec a enregistré plus de 5000 blessés graves et 882 décès imputables à des accidents de la route.

2. Dans chacune des situations suivantes, indique s'il est préférable de réaliser un recensement, un sondage ou une enquête, et donne les raisons qui motivent tes choix.

   a) Une compagnie fabrique et vend des biscuits très prisés des consommateurs et consommatrices. Son directeur veut connaître l'impact qu'aurait sur les ventes une augmentation de 0,50 $ la boîte de biscuits.

   b) On procède à l'inventaire annuel des marchandises d'un magasin d'appareils électroniques.

   c) La propriétaire d'un terrain de golf songe à ajouter un second parcours de 18 trous à celui qui existe déjà. Elle veut connaître les coûts de construction et les revenus escomptés.

   d) Une station de radio désire connaître l'âge moyen et le salaire moyen de ses auditeurs et auditrices.

   e) Une compagnie fabrique des pièces pyrotechniques. Elle vient d'en lancer un nouveau type particulièrement spectaculaire. Elle veut connaître la hauteur moyenne à laquelle ces pièces explosent.

   f) Un magazine voué à la protection des consommateurs et consommatrices veut publier un article comparant différents ordinateurs de même catégorie et le degré de satisfaction des propriétaires de ces appareils.

g) Une entreprise pharmaceutique veut connaître les effets secondaires liés à la consommation d'un nouveau médicament qu'elle veut produire.

h) On veut réaliser une étude sur les caractéristiques des villes où se sont tenus les Jeux olympiques d'été depuis 1896.

Athènes, ville hôte des Jeux olympiques de 1896.

Atlanta, ville hôte des Jeux olympiques de 1996.

3. Dans chacune des situations suivantes, indique le procédé de collecte de données qu'on utilise généralement.

a) Le recensement des militaires atteints du syndrome de la Guerre du golfe Persique.

b) La confection des listes électorales.

c) Les sondages pour connaître les cotes d'écoute des stations de télévision.

d) Les sondages sur les intentions de vote des citoyens et citoyennes une semaine avant les élections.

e) Les statistiques concernant les assistances aux matchs des équipes de sport professionnel.

f) Lors d'un match de baseball, plusieurs personnes prennent des notes, notamment :

1) Le lanceur partant du match suivant note le type et l'endroit de chacun des lancers et les réactions des frappeurs adverses.

2) Un préposé enregistre la vitesse de chaque lancer.

g) L'attaché de presse d'une ministre lit chaque jour différents journaux et prépare un résumé de tout ce qui s'est écrit sur les sujets relevant de ce ministère.

h) Dans une usine de vêtements de sport, un inspecteur examine un certain nombre de vêtements choisis au hasard pour en vérifier la qualité.

4. Dans chacun des cas suivants, détermine le meilleur procédé pour recueillir les données.

a) Une firme de sondage veut connaître rapidement l'opinion des citoyens et citoyennes d'une municipalité sur la construction d'un nouvel hôtel de ville.

b) L'équipe de la radio étudiante désire connaître les goûts musicaux des élèves de l'école.

Les radios étudiantes sont une excellente façon de s'initier aux métiers de la radiodiffusion.

c) Le service de la circulation veut savoir combien de voitures passent à une intersection donnée aux heures de pointe, et ce pour décider s'il doit y placer ou non des feux de circulation.

d) Une psychologue veut faire une étude sur les réactions des enfants de maternelle placés dans une situation de stress mineur.

e) Un restaurateur veut permettre à ses clients et clientes d'évaluer la qualité de la nourriture et du service dans son établissement.

f) Un organisme charitable veut déterminer les principales causes qui font de certaines personnes des sans-abri.

Le phénomène de l'itinérance s'accentue dans les grandes villes d'Amérique du Nord. On compte de plus en plus de jeunes sans-abri.

5. Dans chacune des situations suivantes, détermine la population, les caractères à étudier, la taille de l'échantillon s'il y a lieu, le type d'étude statistique (recensement, sondage ou enquête) et le procédé de collecte des données.

a) La relationniste de l'équipe de hockey locale a choisi au hasard 200 spectateurs et spectatrices au match du 21 février et leur a demandé quel était leur joueur préféré dans l'équipe.

b) Le secrétaire de l'école a relevé toutes les feuilles d'absences pour la première semaine de juin afin de déterminer le nombre exact d'absents et d'absentes à chacune des périodes cette semaine-là.

c) Érika a écrit un article pour le journal de l'école. Elle y parle des victimes et des dégâts matériels lors des inondations survenues au Canada depuis le début du siècle.

Au cours de l'hiver de 1665, Jean Talon effectua un recensement systématique de la population de la Nouvelle-France, qui comptait alors 3215 habitants. Ce fut le premier recensement en Amérique du Nord.

 # FORUM

a) Discutez l'affirmation suivante d'un politicien : «Le seul sondage qui compte, c'est l'élection.»

b) Quelle crédibilité accordez-vous aux émissions «vox pop» fréquemment présentées à la télévision? (Ce sont des séquences où l'on présente 4 ou 5 personnes qui émettent leur opinion sur un sujet donné.)

 **L'ÉCHANTILLONNAGE**

| ÉCHANTILLON REPRÉSENTATIF |
| MÉTHODES D'ÉCHANTILLONNAGE |
| SOURCES DE BIAIS |
| COMPARAISON D'ÉCHANTILLONS |

ÉCHANTILLON REPRÉSENTATIF

La piste de planches à roulettes

Comme ça, Sébastien, tu veux que la ville construise une piste de planches à roulettes?

Oui, et j'ai organisé un sondage pour vérifier si la population est d'accord avec le projet. J'ai distribué un court questionnaire dans les rues de la ville, au terrain de jeux, à la porte des écoles. J'ai obtenu 1200 réponses : 84 % sont favorables au projet.

Oui, mais ton échantillon n'est pas représentatif!

a) Pourquoi l'échantillon du sondage de Sébastien n'est-il pas représentatif de la population?

b) Quelles précautions aurait dû prendre Sébastien pour que l'échantillon choisi soit plus représentatif?

Pour qu'un **échantillon** soit **représentatif** d'une population, il doit posséder les **mêmes caractéristiques** que la population elle-même. Il doit être une réplique la plus fidèle possible de la population. Une bonne façon de former un échantillon représentatif est de laisser le **hasard** déterminer quels individus en feront partie. Lorsqu'un échantillon n'est pas représentatif, il est **biaisé.**

La représentativité de l'échantillon est tellement importante qu'une partie de la statistique lui est consacrée : la **théorie de l'échantillonnage.** Elle s'intéresse, entre autres, aux diverses méthodes pour choisir un échantillon.

MÉTHODES D'ÉCHANTILLONNAGE

La compétition de natation

Le tableau ci-contre présente les âges des 100 athlètes participant à une compétition de natation. Chaque athlète est identifié par un nombre de 0 à 99. Par exemple, l'athlète n° 52 a 27 ans, le premier chiffre correspondant au numéro de la ligne et le second au numéro de la colonne. Par rapport à l'âge, la population est homogène.

	0	1	2	3	4	5	6	7	8	9
0	23	21	18	24	26	22	25	19	21	14
1	27	21	22	30	22	15	17	17	13	12
2	23	24	22	20	28	23	26	30	25	22
3	12	21	24	23	27	20	20	18	22	24
4	31	17	24	27	21	24	28	20	20	19
5	34	16	27	30	22	25	24	20	16	24
6	22	17	25	25	21	28	16	14	23	24
7	24	22	23	26	21	17	19	19	26	15
8	24	23	17	24	23	22	26	25	26	17
9	24	21	20	24	20	17	26	20	23	29

a) Que veut-on dire par «homogène»?

On veut constituer un échantillon aléatoire de taille 5.

b) Détermine au hasard 5 nombres de 0 à 99 selon l'une ou l'autre des méthodes suivantes :

1) Place 10 billets numérotés de 0 à 9 dans un sac. Choisis un billet au hasard, note le numéro, remets le billet dans le sac; choisis de nouveau un billet. Les deux numéros obtenus constituent le nombre choisi au hasard. Répète l'opération 5 fois.

2) Utilise la fonction de ta calculatrice à affichage graphique qui choisit des nombres au hasard entre 0 et 1. Prends ce nombre, multiplie-le par 100 et conserve la partie entière. Répète l'opération 5 fois.

3) Utilise une table de nombres aléatoires.

Les nombres obtenus et le tableau ci-dessus permettent de choisir les âges qui font partie de l'échantillon.

c) Quels sont les âges qui font partie de ton échantillon?

d) Quelle est la moyenne de cet échantillon?

e) Après une compétition, 20 % des athlètes, choisis au hasard, doivent subir un test de contrôle du dopage. Détermine un échantillon aléatoire de taille 20.

f) Quelle est la moyenne d'âge des athlètes qui doivent subir le test?

g) Quelle est la moyenne d'âge de la population?

h) Est-il acceptable d'estimer la moyenne de la population par la moyenne d'un échantillon?

Lorsque la population est **homogène** en regard du caractère donné et qu'il est possible d'en **identifier tous les membres,** la méthode de l'**échantillon aléatoire** est tout indiquée. Chaque membre a autant de chances que les autres d'être choisi.

La lutte contre le racisme et la violence

Dans une école où la population étudiante est nombreuse et multiethnique, l'animatrice de pastorale désire connaître l'opinion des jeunes sur le racisme et la violence. Elle prépare un sondage. Elle veut former un échantillon de 300 élèves dans lequel chaque groupe ethnique sera représenté dans le même rapport que dans l'école.

Origine de la clientèle de l'école

Québécoise	45 %
Latino-américaine	23 %
Asiatique	19 %
Européenne	10 %
Africaine	3 %

Le Révérend Martin Luther King Jr. (1929-1968), né à Atlanta, Georgie, consacra sa vie à la lutte pour l'égalité des droits des Noirs. Apôtre de la non-violence, il reçut le Prix Nobel de la paix en 1964.

a) Une telle population est dite hétérogène. Que signifie «hétérogène»?

b) Pour respecter les pourcentages, combien de jeunes d'origine asiatique devra-t-il y avoir dans l'échantillon?

c) Une fois que l'on a déterminé le nombre d'individus de chaque sous-groupe, on les choisit de façon aléatoire. Cette méthode, ou procédé, permet-elle d'obtenir un échantillon représentatif?

Dans le cas où la population est **hétérogène** et où l'appartenance à un groupe risque d'influencer les réponses, l'échantillon est divisé en **sous-groupes,** appelés **strates.** Chaque strate est représentée dans le **même rapport** dans l'échantillon que dans la population. Les individus de chaque strate sont choisis au hasard. L'échantillon obtenu est dit **stratifié.**

Les pros du sondage

On demande à Patrick de réaliser un sondage en téléphonant à un certain nombre de personnes entre 17:00 et 20:30. Pour déterminer l'échantillon, il utilise un annuaire téléphonique résidentiel. Il applique ensuite un procédé précis.
Il commence par choisir au hasard un numéro de colonne et un rang dans la colonne. Il téléphone à l'abonné ou abonnée qui occupe cette position dans chaque page.

L'annuaire téléphonique Canada 411, qu'on peut consulter sur Internet, compte plus de 10000000 d'entrées.

a) Peut-on considérer qu'au départ chaque abonné ou abonnée de la compagnie de téléphone a autant de chances que les autres d'être choisi dans l'échantillon?

b) Si l'enquête portait sur les raisons pour lesquelles les gens demandent un numéro de téléphone confidentiel, ce procédé serait-il valable?

Si les individus d'une population sont classés dans un ordre précis qui n'a aucun rapport avec le sujet du sondage, on peut utiliser l'**échantillonnage systématique.** Cette méthode, ou procédé, consiste à choisir au hasard un point de départ et, ensuite, à toujours utiliser le **même procédé** pour choisir les autres individus de l'échantillon.

Les connaissances mathématiques des élèves du Québec

En 1995, un organisme international a fait une étude pour comparer les connaissances en mathématique des jeunes de 13 ans de différents pays. Comme il était difficile de choisir les jeunes de 13 ans individuellement, on a choisi au hasard un certain nombre de groupes-classes dans les écoles du Québec. Tous les élèves de ces groupes-classes ont été soumis au test. Les résultats des jeunes Québécoises et Québécois ont été excellents.

a) Au départ, chaque jeune de 13 ans avait-il autant de chances que les autres d'être choisi?

b) Cette façon de choisir un échantillon se nomme l'échantillonnage par grappes. Explique en quoi consiste cette méthode.

On utilise la méthode des **grappes** lorsque la population est divisée en **groupes.** L'échantillon est formé de tous les individus qui composent certaines grappes choisies au hasard. Cette méthode est d'autant plus fiable que les grappes sont **petites** et **hétérogènes.**

Il existe donc différentes méthodes pour former un échantillon. La façon de former l'échantillon est primordiale. Un **échantillon non représentatif peut biaiser** considérablement les **résultats** d'un sondage.

c) Nomme les principales méthodes de formation d'un échantillon.

INVESTISSEMENT 2 ▶ ▶ ▶ ▶ ▶ ▶

1. Dans chacun des cas suivants, indique si l'échantillon choisi est représentatif de la population dont on veut connaître l'opinion. Justifie ta réponse.

a) La directrice d'une école secondaire veut connaître l'opinion des élèves sur un nouveau règlement qu'elle désire mettre en application. Dans chacun des groupes-classes, elle choisit au hasard 5 élèves.

b) Elle veut aussi connaître l'avis des parents sur un règlement plus sévère concernant la tenue vestimentaire. Elle remet un questionnaire à 25 élèves qui étaient en retenue et leur demande de l'apporter à leurs parents.

c) Le propriétaire d'une équipe de hockey junior trouve que l'assistance aux matchs est trop faible. Il demande à 40 partisans et partisanes, choisis au hasard à un match local de son équipe, les raisons qui pourraient expliquer cette faible assistance.

d) Une organisatrice veut connaître les intentions de vote des Québécois et Québécoises aux prochaines élections provinciales. Elle commande un sondage auprès de 1 000 personnes résidant à Montréal et de 500 personnes résidant à Québec.

e) Un concessionnaire automobile veut connaître le degré de satisfaction de ses clients et clientes. Il téléphone à 80 personnes choisies au hasard parmi celles qui ont acheté un véhicule à son commerce au cours des 7 dernières années.

2. Les 120 élèves de quatrième secondaire d'une école ont passé un test de connaissances générales. On a d'abord choisi au hasard un premier échantillon A de 25 élèves, et on a calculé la note moyenne de ce groupe. On a ensuite choisi de la même façon un deuxième échantillon B de 35 élèves et on en a calculé la note moyenne.
On a finalement calculé la note moyenne des 120 élèves.

a) Est-il possible, certain ou impossible :

1) que ces trois moyennes soient différentes ?

2) que ces trois moyennes soient égales ?

3) que les deux moyennes des échantillons soient égales mais différentes de celle de la population ?

b) Pourrait-il arriver que les 25 élèves de l'échantillon A soient les 25 élèves qui ont le mieux réussi le test dans l'école ?

3. À l'aide de ta calculatrice, d'une table de nombres aléatoires ou par tirage au sort, construis un échantillon de 15 nombres aléatoires compris entre 10 et 79.

4. Voici la répartition des élèves dans une école selon le sexe et le niveau.
On désire constituer un échantillon stratifié de 200 élèves dans lequel le nombre de filles et le nombre de garçons par niveau seront dans les mêmes rapports que dans l'école entière. Combien devra-t-il y avoir de personnes dans chacune des strates ?

Niveau	Nombre de filles	Nombre de garçons
1re sec.	144	168
2e sec.	132	144
3e sec.	120	108
4e sec.	108	96
5e sec.	108	72

→1200

5. Une usine produit des bacs à récupération. À tous les 25 bacs produits, une inspectrice retire 1 bac afin d'en vérifier la qualité.

a) De quel type d'échantillonnage s'agit-il ?

b) Cet échantillon est-il représentatif ?

On estime que 35 % du contenu du sac vert est recyclable. On ne récupère pourtant, par collecte sélective, que le tiers de cette quantité.

6. Une troupe de théâtre possède une liste, classée par ordre alphabétique, des 3450 personnes abonnées à ses spectacles. On désire connaître leur avis sur la programmation de l'année suivante. On consultera un échantillon de 250 personnes. Décris un procédé pour choisir un échantillon de façon systématique.

7. Une chaîne de restaurants lance un nouveau hamburger. On le vend d'abord dans un nombre limité de restaurants afin de connaître les réactions du public. À quel type d'échantillonnage correspond cette stratégie de mise en marché ?

8. La méthode d'échantillonnage à l'aveuglette consiste à choisir un échantillon sans planification, un peu n'importe où. Le journaliste qui interroge un chauffeur de taxi ou un badaud rencontré dans la rue utilise cette méthode; le biologiste qui prélève un échantillon d'eau n'importe où dans un lac l'utilise également. Les échantillons choisis de cette façon ont-ils des chances d'être représentatifs si la population est :

   a) homogène?   ***b)*** hétérogène?

9. Une équipe médicale veut effectuer une expérience sur le traitement d'une maladie qui atteint des gens de tout âge. Elle demande des volontaires atteints de cette maladie, ayant entre 16 et 24 ans, et disponibles les lundis durant 3 mois. Des 75 personnes qui se sont présentées, on en a gardé 60. Cet échantillon a-t-il de bonnes chances d'être représentatif de la population affectée par cette maladie? Pourquoi?

10. L'expérimentation du vaccin Salk contre la poliomyélite a été réalisée à l'aide d'un échantillon de plus de 400 000 enfants à travers le monde. On a choisi au hasard un certain nombre d'écoles et tous les élèves de ces écoles ont été inoculés.

   a) Quelle méthode d'échantillonnage a été utilisée dans ce cas?

   b) Cet échantillon était-il représentatif? Pourquoi?

La poliomyélite, ou paralysie infantile, est une infection virale aiguë. Le vaccin mis au point dans les années 1950 par Jonas Salk et Albert Sabin a réduit considérablement le nombre d'enfants atteints.

FORUM

La méthode des quotas est une méthode d'échantillonnage souvent utilisée pour les sondages sur les produits de consommation. On fait en sorte que l'échantillon reproduise un certain modèle de la population. Par exemple, on exigera qu'il y ait 50 % d'hommes et 50 % de femmes; 30 % de personnes âgées de 18 à 30 ans, 45 % de 30 à 45 ans et 25 % de plus de 45 ans. On doit s'assurer que toutes les catégories de l'échantillon sont dans les mêmes pourcentages que dans la population. On n'est pas tenu de choisir les individus au hasard; on prend les personnes qui acceptent de répondre.

a) Si l'on désire constituer un échantillon de 400 personnes dans les rapports donnés ci-dessus, combien de personnes de plus de 45 ans devra-t-on interroger?

b) Nommez deux raisons pour lesquelles la représentativité de tels échantillons est souvent remise en question.

SOURCES DE BIAIS

Les **sources de biais** sont différentes causes qui empêchent un échantillon d'être représentatif ou qui empêchent les résultats d'une étude d'être conformes à la réalité. Ces causes peuvent être diverses.

La propagande du général

Dans un certain pays, un général de l'armée a pris le pouvoir par la force. Lors d'un voyage à l'étranger, il montre à la presse internationale un document vidéo où un nombre imposant de citoyens de son pays vantent ses mérites. Sur ce vidéo, on constate que la plupart des intervenants sont des hommes entre 20 et 35 ans qui portent les cheveux courts.

Joseph Paul Goebbels, un excellent orateur qui connaissait à fond les techniques de manipulation de masses, répandit en Allemagne l'idée de nazisme, ce qui conduisit à la Deuxième Guerre mondiale.

a) Les propos du général et les affirmations sur le vidéo sont-ils crédibles? Justifie ta réponse.

b) Décris les principales caractéristiques qu'auraient dû présenter les intervenants sur le vidéo.

c) Pourquoi la population en général fait-elle peu confiance aux propos des dirigeants politiques?

Les **méthodes d'échantillonnage inadéquates** sont souvent des sources de biais importantes.

Quelques questions insidieuses

Voici quelques questions relevées dans différents sondages.

a) Explique comment la formulation de chacune de ces questions peut biaiser les résultats du sondage.

b) Formule ces questions autrement, de sorte qu'elles deviennent acceptables.

QUESTIONNAIRE

1) Ne croyez-vous pas que les jeunes devraient avoir le droit de vote à 16 ans ?

Oui [ ] Non [✓]

2) Devrait-on enfin abolir l'interprétation des hymnes nationaux lors d'événements sportifs ?

[ ] [✓]

3) Êtes-vous rétrograde ?

[ ] [✓]

4) Certains experts disent que le produit A est plus efficace que le produit B. Êtes-vous d'accord avec cette affirmation ?

[ ] [✓]

5) Quel est votre revenu ? _____

6) Quel est votre joueur de boulingrin préféré ? _____

La **mauvaise formulation des questions** et leur pertinence en regard du caractère étudié sont une deuxième source de biais importante.

Le sondage à la télévision

Durant le journal télévisé, les auditeurs et auditrices sont invités à téléphoner à la station de télévision pour répondre à la question suivante : «Êtes-vous d'accord pour que le coût du transport en commun soit haussé de 0,35 $ par course?» À la fin de l'émission, la présentatrice précise que le sondage n'est pas scientifique. Elle annonce aussi que 221 personnes se sont prononcées en faveur de la hausse de tarif et 1 732 contre.

En 1825, un ancien colonel d l'armée impérial française, Stanislas Beaud inventait l'omnibus.

a) Pourquoi la présentatrice prend-elle la peine de préciser qu'il ne s'agit pas d'un sondage scientifique?

b) Pourquoi cet échantillon de près de 2 000 personnes n'est-il pas représentatif?

L'implication et l'**intérêt des personnes interrogées** sont d'autres sources de biais dont il faut se méfier à moins que ces personnes constituent précisément la population que l'on désire consulter.

Les examens

Les résultats du dernier examen de mathématique viennent d'être remis aux élèves.

Rémi est furieux :

> Mon résultat est nettement plus faible que mon niveau réel de connaissances.

Yasmine, par contre, jubile :

> Jamais je n'aurais cru obtenir un si bon résultat!

a) T'est-il déjà arrivé d'obtenir un résultat très différent de ce que tu croyais mériter?

b) Donne des raisons qui expliquent l'écart possible entre un résultat attendu et un résultat obtenu à un examen.

On nomme **score observé** le résultat obtenu à un examen. Le niveau réel de connaissances est appelé **score vrai.** L'**erreur de mesure** est la différence entre le score observé et le score vrai. Si **x** représente le score observé et **v** le score vrai, alors l'erreur de mesure **e** est donnée par la règle $e = x - v$.

c) Que signifie une erreur de mesure négative?

d) Certains examens peuvent-ils constituer de mauvais instruments de mesure? Explique ta réponse.

e) Décris des conditions qui peuvent avoir des répercussions sur les résultats d'un examen.

f) Est-il possible de déterminer un score vrai à un examen?

Les **erreurs de mesure** sont une autre source de biais. Elles sont généralement provoquées par des **instruments de mesure imprécis** ou des **conditions inadéquates,** ou encore par des **causes extérieures** qu'il n'est pas toujours possible de détecter.

La guerre des experts et expertes

En 1980, deux jours avant le premier référendum sur la souveraineté du Québec, un journal avait publié un sondage dans lequel il prévoyait que le *oui* l'emporterait en obtenant 52,5 % des votes. Lors du référendum, cette option n'a eu que 40,5 % des voix!

Voici quelques données sur ce sondage : oui : 309; non : 279; indécis : 71; ne divulguent pas leur opinion : 106. On avait effectué 765 entrevues téléphoniques à partir d'un échantillon de 1 200 personnes choisies au hasard.

(Source : Angers, Claude, *Les statistiques, oui mais...,* Éditions Agence d'Arc.)

René Lévesque était premier ministre du Québec lors du premier référendum sur la souveraineté.

a) Comment le journal avait-il obtenu ce résultat de 52,5 %?

b) Quelle hypothèse le journal a-t-il posée pour tirer sa conclusion?

c) Quel est le pourcentage des *oui* par rapport au nombre de personnes qui ont passé l'entrevue?

d) Quel est le pourcentage des *oui* par rapport à la taille de l'échantillon prévu?

e) Quelles critiques peut-on faire de ce sondage?

Lors du deuxième référendum, il y a eu une guerre d'experts pour déterminer de quelle manière les indécis et ceux qui ne répondent pas devaient être répartis lors des sondages. On a proposé des solutions fort différentes.

Certaines personnes de l'échantillon ne peuvent être rejointes, d'autres refusent de répondre et d'autres encore sont indécises. Un **taux de réponse trop faible** peut biaiser considérablement la représentativité d'un échantillon.

Le merveilleux produit

Lucia est responsable du stand d'une compagnie de friandises dans une foire commerciale. Elle décide de faire un petit sondage pour connaître l'opinion des gens sur un nouveau produit, le bonbon Caramax. Elle choisit son échantillon de façon systématique : elle interroge une personne à toutes les 20 personnes qui s'arrêtent au stand. Elle fait goûter le produit et pose quelques questions. Quand la réponse est favorable, elle approuve de la tête. Mais quand elle est défavorable, elle ajoute : «Ah! oui?» ou encore : «Vous êtes sûr?» Elle a conclu que 88 % de la population aimait le Caramax.

L'histoire des friandises, c'est l'histoire du sucre. Depuis ses origines lointaines en Extrême-Orient, l'utilisation de la canne à sucre se répandit en Occident.

a) Le résultat de ce sondage assure-t-il un avenir commercial fulgurant au nouveau produit? Pourquoi?

b) Quelles sont les sources de biais dans ce sondage?

Les **conditions dans lesquelles les données sont recueillies** et l'**attitude de l'enquêteur** peuvent également influencer les répondants et répondantes et biaiser les résultats.

De vraies sportives!

L'école offre un nouveau programme d'entraînement physique volontaire. Voici le graphique inséré dans le journal étudiant pour présenter le nombre de garçons et de filles qui ont adhéré au programme.

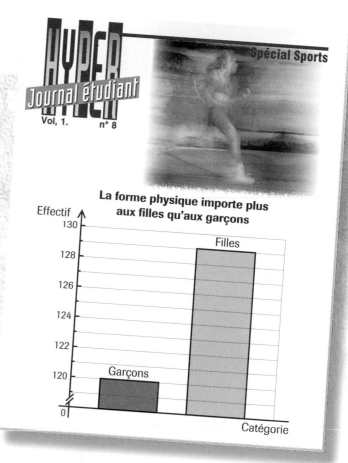

a) Si l'on s'en tient à l'effet visuel, quelle impression se dégage de ce graphique?

b) Cette impression correspond-elle à la réalité?

c) Comment pourrait-on éliminer ce biais?

d) Que répondre au rédacteur de l'article qui dit : «C'est une façon d'accrocher le lecteur ou la lectrice»?

La **présentation des résultats** d'une étude statistique peut donner une fausse impression aux lecteurs et lectrices par des **graphiques inadéquats**, des **titres accrocheurs** ou des **conclusions qui dépassent ce que l'étude révèle réellement.**

Certaines personnes plus ou moins honnêtes utilisent ces procédés avec profit. Face à une étude statistique, il faut toujours user de prudence et prendre la peine de vérifier s'il n'y a pas de source de biais.

COMPARAISON D'ÉCHANTILLONS

La précision coûte cher

Un statisticien a calculé la taille de l'échantillon qu'il faut prélever dans une population de 25 000 000 pour obtenir les marges d'erreur ci-contre.

Taille de l'échantillon pour une population de 25 000 000

Marge d'erreur (en %)	Précision (en %)	Nombre de répondants et répondantes	Coût
±5	95	384	■
±2,5	97,5	1536	■
±1	99	9600	■

(Source : Angers, Claude, *Les statistiques, oui mais...*, Éditions Agence d'Arc.)

L'informatique est un outil précieux pour la statisticienne ou le statisticien.

a) Décris comment varie la relation entre :

1) la marge d'erreur et le nombre de répondants et répondantes;

2) le taux de précision et le nombre de répondants et répondantes.

b) Si le coût du sondage est directement relié au nombre de répondants et répondantes, cela vaut-il la peine de diminuer la marge d'erreur à ±1 % et d'augmenter ainsi la précision à 99 %?

La **précision** d'un sondage augmente si l'on accroît la **taille de l'échantillon,** mais pas de façon proportionnelle. Au-delà d'une certaine taille, la précision n'augmente plus de façon significative.

Un espace vert ou un stationnement?

Un promoteur immobilier demande à la munici-palité un permis pour construire un parc de stationnement au centre-ville. Pour ap-puyer sa demande, il présente un son-dage réalisé auprès de 250 personnes choisies au hasard parmi celles qui résident à proximité. Ces gens sont favorables au projet dans un rap-port de 66 %.

Une conseillère municipale effectue une cinquantaine d'appels télépho-niques à des citoyens et citoyennes choisis au hasard. Elle constate que 36 % des personnes interrogées sont favo-rables à ce projet, mais que 52 % préféreraient que la municipalité achète le terrain et aménage un espace vert à cet endroit.

Square Victoria, Montréal.
L'arbre urbain est un filtre : il absorbe le gaz carbonique qu'il convertit en oxygène et ses feuilles retiennent les poussières en suspension dans l'air.

a) Décris la population à laquelle font référence ces deux sondages.

b) Comment peut-on expliquer l'écart entre les deux sondages?

c) Lequel des deux échantillons est le plus représentatif?

d) Comment la municipalité pourrait-elle procéder pour obtenir un échantillon plus représentatif?

Ce n'est pas toujours et pas nécessairement le plus grand échantillon qui est le plus représentatif.

À l'ère de l'automobile, la qualité de l'air est sérieusement menacée.

1. Corrige les questions suivantes afin que leur formulation n'influence pas l'opinion des répondants et répondantes.

    a) Ne croyez-vous pas qu'il est grand temps que les gouvernements cessent de présenter des budgets déficitaires?

    b) Quel est votre niveau de vie?

    c) Vous considérez-vous comme une personne honnête?

    d) Les critiques ont acclamé le dernier film de Spielberg. Diriez-vous qu'il s'agit d'un excellent film?

    e) Êtes-vous d'accord avec le règlement de l'école au sujet des absences et avec l'organisation d'activités parascolaires le midi?

Les dinosaures du Parc jurassique ont été créés à l'aide du logiciel Softimage, développé au Québec.

2. La revue *La vie culturelle* s'intéresse aux spectacles et aux artistes. Elle a fait un sondage auprès de ses lecteurs et lectrices. Plus de 78 % des 700 personnes consultées sont favorables à ce que le conseil de ville dépense un million de dollars pour la réfection de la salle municipale où sont présentés les meilleurs spectacles.

    a) La taille de l'échantillon est-elle suffisante?

    b) L'échantillon est-il représentatif? Justifie ta réponse.

3. À la maison, la masse de Caroline est de 51 kg. Lors de l'examen médical des élèves de l'école, sa masse est de 49 kg. Comment cela peut-il s'expliquer?

4. Habituellement, le résultat de Frédéric aux tests de français se situe près de 80 %. Au dernier test, il a obtenu 62 %.

    a) Dans cette situation, quel est le score vrai?

    b) Quel est le score observé?

    c) Quelle est l'erreur de mesure?

    d) Si Frédéric était parfaitement en forme et si sa préparation était comparable à celle des autres tests, qu'est-ce qui pourrait expliquer ce résultat?

    e) Que signifie une erreur de mesure positive?

Sur la Terre, le poids de Caroline est de 500 newtons. Sur la Lune, son poids serait d'environ 83 newtons et, sur Jupiter, de 1 320 newtons.

5. Quel biais les maisons de sondage veulent-elles éviter en téléphonant aux gens à l'heure du souper?

6. Pourquoi les gouvernements n'organisent-ils pas d'élections durant le mois de juillet?

7. Voici diverses attitudes que peut avoir un enquêteur qui fait des entrevues en personne. Comment ces attitudes peuvent-elles biaiser les résultats de l'enquête?

    a) Il presse les personnes de répondre et leur laisse peu de temps pour réfléchir.

    b) Il acquiesce quand la réponse va dans le sens qu'il désire.

    c) Il commente les réponses.

    d) Il est très froid et ne sourit jamais.

8. Voici le nombre de disques vendus en 1995 par quatre groupes musicaux :

Disques vendus	
Groupe	Millions de disques vendus
Fu-Schnickers	13,8
Bad Religion	14,8
Smashing Pumpkins	15,2
Beastie Boys	15,0

a) Trace un diagramme à bandes représentant cette situation de telle sorte que l'effet visuel accentue la différence entre les groupes.

b) Trace un autre diagramme à bandes tel que l'effet visuel laisse croire que les quatre groupes ont vendu à peu près le même nombre de disques.

9. Une école secondaire compte 1 300 élèves. On veut faire un sondage sur les habitudes télévisuelles des élèves. Détermine lequel des deux échantillons suivants il serait préférable de choisir et indique pourquoi.

Au Cana en 1994, adolesce et adolescer regardaie en moyen 17,1 h de par semain

Échantillon 1 : Un échantillon de 100 élèves choisis de façon systématique à partir d'une liste de tous les élèves de l'école.

Échantillon 2 : Un échantillon de 100 élèves obtenu en choisissant 3 groupes-classes au hasard et en interrogeant tous les élèves de ces 3 groupes.

10. On veut constituer un échantillon aléatoire simple dont la taille est 400. On a la possibilité de le faire par ordinateur à l'aide de la fonction aléatoire qui consulte une liste ou à l'aide d'une table de nombres aléatoires qui utilise la même liste. Quelle méthode produirait l'échantillon le plus représentatif?

11. Un club automobile veut faire un sondage sur les habitudes de conduite de ses quelque 85 000 membres. Détermine lequel des trois échantillons suivants on devrait choisir et indique pourquoi.

Échantillon 1 : Un échantillon de 350 membres formé aléatoirement.

Échantillon 2 : Un échantillon de 500 personnes choisies de façon systématique à partir de la liste des membres.

Échantillon 3 : Un échantillon des 600 personnes qui ont acheté des billets d'avion durant la période des vacances de Noël.

12. On veut connaître l'opinion des joueurs des ligues majeures de baseball sur le rôle des agents dans la négociation des contrats. On a la possibilité d'interroger des joueurs de toutes les équipes lors du match des étoiles annuel. On peut aussi interroger tous les joueurs de trois équipes de trois régions différentes et de performances différentes. Détermine les avantages et les inconvénients de chacun de ces échantillons.

FORUM

«Environ 16 % des adolescentes et 19 % des adolescents disent souffrir d'insomnie.» C'est la manchette qui accompagne les résultats d'un sondage effectué à Trois-Rivières auprès d'un échantillon de 103 filles et 105 garçons de 11 à 13 ans. La marge d'erreur est de ± 15 %, 95 fois sur 100.

En s'appuyant sur ce sondage, peut-on affirmer que les adolescents dorment moins bien que les adolescentes? Justifiez votre réponse.

 ▶ ▶ ▶ **Math Express 9** ▶ ▶ ▶

Une **population** est un ensemble d'individus, d'objets ou d'événements ayant des caractéristiques communes.

Un **échantillon** est un sous-ensemble d'une population. La **taille** d'un échantillon est le nombre d'éléments qui le composent.

Une étude statistique peut être du type :

- **recensement,** qui porte sur tous les individus d'une population ;
- **sondage,** qui, à partir de données recueillies sur un échantillon, tire des conclusions sur la population entière ;
- **enquête,** qui fait souvent appel à des experts et recueille des données de différentes sources.

Plusieurs raisons motivent la décision de faire un sondage plutôt qu'un recensement : une population trop nombreuse ou non accessible, des coûts élevés, le temps restreint, la nature de l'enquête, etc.

Il existe plusieurs **procédés de collecte de données** tels le questionnaire écrit, l'entrevue en personne, l'entrevue téléphonique, l'observation directe, l'observation de listes ou de documents et la collecte par instruments.

Un échantillon est **représentatif** lorsque toutes les caractéristiques de la population se retrouvent dans l'échantillon. Au départ, chaque individu doit avoir la même chance que les autres d'être choisi.

Il existe plusieurs **méthodes pour choisir un échantillon** représentatif. L'échantillonnage peut être purement aléatoire, stratifié, systématique ou par grappes.

Parmi les principales **sources de biais,** on trouve le mauvais échantillonnage, la non-pertinence et la formulation des questions, l'attitude du sondeur, les erreurs de mesure, le rejet d'une partie de l'échantillon et la subjectivité dans la présentation des résultats.

La **précision** et la **fiabilité** des résultats d'un sondage dépendent de la **représentativité** et de la **taille** de l'échantillon.

1 Effectue mentalement ces soustractions en diminuant chaque terme de la soustraction de la même quantité. Par exemple : $186 - 125 = 66 - 5 = 61$

    a) $174 - 159$ *b)* $223 - 189$ *c)* $297 - 159$

2 Décide si la somme ou la différence est inférieure ou supérieure à 1, simplement en évaluant la grandeur des fractions ou en les comparant à ¹/₂.

    a) $\frac{2}{5} + \frac{3}{7}$ *b)* $\frac{3}{8} + \frac{2}{5}$ *c)* $\frac{4}{9} + \frac{3}{5}$ *d)* $\frac{7}{4} - \frac{3}{5}$ *e)* $\frac{15}{8} - \frac{3}{4}$

3 Simplifie les fractions suivantes.

    a) $\frac{5 + 3}{6}$ *b)* $\frac{6 + 9}{6}$ *c)* $\frac{6 \times 9}{6 \times 3}$ *d)* $\frac{12 - 9}{6 \times 3}$ *e)* $\frac{25 - 15}{5 \times 3}$

4 Donne la partie entière du quotient.

    a) $234 \div 25$ *b)* $4\,534 \div 50$ *c)* $2\,478 \div 75$ *d)* $897{,}3 \div 2{,}5$

5 En cyclisme, on appelle rapport de vitesse le rapport entre le nombre de dents du plateau et celui du pignon. De plus, on appelle développement d'un rapport de vitesse la distance parcourue par la bicyclette pour un tour de pédalier. Ce développement est égal au produit du rapport de vitesse par la circonférence de la roue arrière :

    Développement = Rapport de vitesse $\times \pi \times$ diamètre.

Estime les développements pour les rapports donnés ci-contre si la roue a un diamètre de 66 cm.

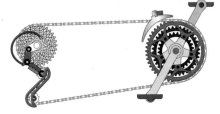

Rapports de vitesse

		Dents du pignon		
		20	25	30
Dents du plateau	50	∎	∎	∎
	75	∎	∎	∎

6 Parmi les types d'études statistiques (recensement, sondage et enquête), lequel :

    a) donne les résultats les plus sûrs?   *b)* coûte habituellement le moins cher?

    c) comporte souvent l'avis d'experts?

7 Dans chacune des situations suivantes, quel type d'étude statistique est-il préférable de réaliser et pourquoi?

    a) Pour prévoir le comportement des rivières d'un bassin hydrographique en cas de pluie abondante (quelques-unes des rivières sont pourvues de barrages).

    b) Pour connaître l'avis des jeunes Québécois et Québécoises sur les problèmes reliés au respect de l'environnement.

    c) Pour faire approuver des moyens de pression par les membres d'un syndicat.

    d) Pour déterminer le nombre de fumeurs et fumeuses au pays.

    e) Pour déterminer les cotes d'écoute d'une station de radio.

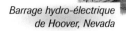

Barrage hydro-électrique de Hoover, Nevada

8 Détermine le procédé de collecte de données le plus approprié dans chacun des cas suivants.

a) On veut connaître en tout temps l'état des stocks d'un supermarché.

b) Le Conseil de presse veut examiner la couverture que les journaux du Québec ont faite de la dernière campagne électorale.

c) Une chercheuse veut étudier les réactions de rats de laboratoire à la suite de l'injection d'un nouveau produit contre la douleur.

d) Le ministère de l'Éducation désire savoir quels élèves recevront un diplôme d'études secondaires.

9 Voici quatre façons de distribuer aux joueurs quatre cartes d'un jeu ordinaire de 52 cartes. Associe chaque façon à une méthode d'échantillonnage.

a) Le donneur mêle les cartes et donne à tour de rôle une carte à chaque joueur jusqu'à ce que chacun en ait quatre.

b) Les cartes sont divisées en quatre paquets : trèfles, carreaux, coeurs, piques. Chaque joueur choisit une carte au hasard dans chaque paquet.

c) Toutes les cartes sont éparpillées face contre la table et chaque joueur en choisit quatre au hasard.

d) Les cartes sont réparties en 13 paquets dont on ne connaît pas la composition. Chaque joueur choisit un paquet au hasard et obtient ainsi quatre cartes.

En Occident, les premières cartes à jouer apparaissent au Moyen Âge. Elles sont fabriquées à la main et seuls les gens aisés en possèdent.

10 Voici la liste des prénoms des membres de l'orchestre d'harmonie de l'école ainsi que le niveau d'études de chacun et chacune et l'instrument de musique dont il ou elle joue.

N°	Prénom	Sec.	Instrument	N°	Prénom	Sec.	Instrument
01	Amélie	1	clarinette	21	Karl	3	trompette
02	André	4	percussion	22	Karina	5	sax alto
03	Bianca	5	flûte	23	Lance	2	trombone
04	Bernard	4	sax ténor	24	Laurie	3	clarinette
05	Claudia	5	percussion	25	Michelle	3	trombone
06	Carlos	5	hautbois	26	Manolo	1	flûte
07	Démis	3	tuba	27	Ovide	2	sax alto
08	Désirée	4	flûte	28	Olivia	5	tuba
09	Emmanuel	2	clarinette	29	Pancho	3	hautbois
10	Esther	4	clarinette	30	Pénélope	3	trombone
11	Fabrice	1	sax alto	31	Rachelle	5	tuba
12	Fabienne	4	sax ténor	32	Rodney	2	flûte
13	Graziella	5	percussion	33	Sarah	4	cor
14	Gaby	4	tuba	34	Simon	2	cor
15	Hervé	5	sax ténor	35	Tom	5	hautbois
16	Hortense	2	percussion	36	Tatiana	2	cor
17	Irène	4	trompette	37	Vincent	5	trombone
18	Ismaël	2	sax alto	38	Viviane	3	cor
19	Jacynthe	1	sax ténor	39	William	3	hautbois
20	Jeff	5	trompette	40	Xaviera	5	trompette

Le cornet à pistons fait partie du groupe des cuivres. Celui-ci, en argent, date de 1890.

a) Forme un échantillon aléatoire de taille 10 à partir de ce tableau.

b) Effectue un échantillonnage systématique de 12 individus en indiquant le procédé utilisé.

c) Construis un échantillon stratifié de 10 personnes selon leur niveau d'études.

d) Effectue un échantillonnage par grappes de 12 personnes à partir des instruments dont elles jouent.

On appelle orchestre d'harmonie, ou simplement harmonie, l'ensemble des bois, des cuivres et des percussions qui forment un orchestre.

11 Une usine fabrique des fours à micro-ondes sur une chaîne de montage. À 10:15 chaque jour, on retire un appareil à chacune des étapes de la chaîne et on en fait l'inspection.

a) De quel type d'échantillonnage s'agit-il?

b) Y a-t-il des erreurs de fabrication qui pourraient ne jamais être détectées par ce procédé?

12 Voici les résultats de deux sondages effectués durant la même période. Dans le premier, 65 % des répondants et répondantes ont affirmé être défavorables à la participation financière du gouvernement à la construction d'un nouvel amphithéâtre pour la ville. Dans le second, 58 % ont déclaré être en accord avec cette participation. La taille des échantillons et la méthodologie étaient identiques dans les deux cas.

a) Une telle situation est-elle possible? Explique.

b) Dans l'un des sondages, la question était : «Étant donné les retombées économiques de plusieurs millions de dollars de la présence d'un club professionnel de hockey, accepteriez-vous que le gouvernement participe financièrement à la construction d'un nouvel amphithéâtre?» La question de l'autre sondage était : «Croyez-vous que le gouvernement devrait subventionner la construction d'un nouvel amphithéâtre alors qu'il coupe abondamment dans les soins de santé?» À quel résultat peut-on associer chaque question?

c) Compose, pour ce sondage, une question qui ne serait pas une source de biais.

13 Un recensement peut-il être biaisé? Explique pourquoi.

14 Voici la manchette coiffant la publication, dans un journal, des résultats d'un sondage : «52 % des Québécois en faveur du vote à 16 ans». Les résultats étaient détaillés dans l'article : pour : 338; contre : 312; indécis : 150; refus de répondre : 200.

a) Pourquoi peut-on dire que la manchette était biaisée?

b) Trouve un titre qui refléterait mieux les résultats de ce sondage.

c) À ton avis, quelle est la valeur d'un tel sondage?

A... Canada, le... femmes ont acqu... le droit de vote e... 1918 et au Québe... en 194...

15 Dans un cégep, on compte 55 % de filles et 45 % de garçons; 40 % sont au secteur professionnel et 60 % au pré-universitaire. Le conseil étudiant veut faire un sondage sur les prêts et bourses.

Jean-François propose que l'on s'installe dans la salle de repos et que l'on interroge au moins 300 élèves volontaires, répartis selon les pourcentages donnés ci-haut.

Marie-Claire propose plutôt de demander la liste complète des élèves, de déterminer quatre sous-groupes dans les mêmes rapports que dans la population du cégep et de choisir au hasard ceux que l'on va interroger en respectant les pourcentages.

a) Quels sont les avantages et les inconvénients de chacune des méthodes?

b) Quel échantillon a le plus de chances d'être représentatif?

16 On veut faire un sondage sur les dépenses familiales pour le transport et la nourriture. On choisit une famille au hasard dans chacune des 300 municipalités les plus populeuses du Québec. Cet échantillon est-il représentatif de la population du Québec? Explique ta réponse.

17 LE PATINAGE ARTISTIQUE

La Fédération de patinage artistique du Québec veut déterminer le déboursé annuel moyen pour la pratique de ce sport. Elle veut aussi connaître le temps hebdomadaire moyen que chacun et chacune consacre au patinage. On choisit au hasard 10 clubs membres de la fédération et on demande à tous leurs patineurs et patineuses de remplir le questionnaire. Un total de 764 personnes sont membres de ces 10 clubs.

a) Quelle est la population dans cette situation?

b) Quels sont les caractères que l'on désire étudier?

c) Quelle est la taille de l'échantillon?

d) Quelle est la méthode d'échantillonnage choisie?

e) Quel est le procédé de collecte de données utilisé?

f) La taille de l'échantillon est-elle suffisante?

g) À ton avis, cet échantillon est-il représentatif?

Les patineurs et patineuses artistiques amateurs consacrent de 1 à 15 h par semaine à leur sport dépendamment de leur intérêt, de leur compétitivité et de leur budget.

18 LE FERTILISANT

Une agricultrice veut tester un nouveau fertilisant. Elle en répand sur la moitié de son champ de laitues. À partir d'une extrémité du champ, et tous les 50 m, elle entoure d'une ficelle une surface carrée de 1 m de côté. À la fin de la saison, elle pèsera les laitues cueillies dans chacune des surfaces marquées de chacune des moitiés et pourra ainsi déterminer si le nouveau fertilisant est véritablement efficace. Détermine la population, le caractère, le procédé de collecte des données et la méthode d'échantillonnage.

Le mot «salade» vient du latin herba salata qui veut dire «herbe salée». On fait ainsi référence aux premières salades de la saison : des légumes frais qu'on mange avec du sel.

19 LE GROUPE ROCK LE PLUS POPULAIRE

On veut connaître le groupe rock le plus populaire chez les jeunes de 14 à 17 ans d'une région afin de rédiger un article sur ce sujet dans le journal local. Pour obtenir l'accord de l'équipe de rédaction, on doit présenter une demande dans laquelle on indique avec précision la population et le caractère étudié, le procédé de collecte de données qu'on entend utiliser, la méthode d'échantillonnage, la taille de l'échantillon, les coûts prévisibles de l'opération et l'espace qu'on souhaite obtenir dans le journal. Prépare cette demande.

20 LES MORDUS DE LA FORMULE 1

Un groupe de jeunes admirateurs des pilotes de formule 1 veulent en savoir plus sur les performances actuelles et passées des vedettes de ce sport. Ils décident de faire une étude afin de classer les pilotes, depuis le premier championnat du monde en 1952, selon le nombre moyen de points qu'ils ont obtenus par Grand Prix.

Seules les formules 1 sont admises sur les circuits des Grands Prix. Il n'y a dans le monde qu'une trentaine de pilotes suffisamment qualifiés pour conduire une formule 1.

a) De quelle sorte d'étude statistique s'agit-il?

b) Quel mode de collecte de données utiliseront-ils?

21 LE CORRECTEUR STATISTICIEN

À l'université, des étudiants et étudiantes ont remis un travail de 5 pages. Le correcteur les avise qu'il choisira au hasard une page du travail de chacun et chacune et qu'il établira la note finale d'après la correction de cette seule page, étant donné qu'elle constitue un échantillon de l'ensemble du travail. Commente cette situation.

D'ÉVALUATION 9

1. Décris trois sources de biais dans une étude statistique.

2. Décris deux méthodes d'échantillonnage.

3. **LES REVENUS DES JEUNES**

   Anne-Marie désire connaître le revenu hebdomadaire moyen des jeunes de 16 ans qui fréquentent les 18 groupes-classes des trois écoles secondaires de sa commission scolaire. Elle téléphone à 25 de ses amis et amies et calcule la moyenne du revenu hebdomadaire de ceux et celles qui ont accepté de lui donner une réponse.

   a) Pourquoi cet échantillon n'est-il pas représentatif? Donne trois raisons.

   b) Décris une méthode d'échantillonnage qu'Anne-Marie aurait pu utiliser pour obtenir un échantillon représentatif.

4. **LES GROUPES DE PRESSION ET LE GOUVERNEMENT**

   Deux groupes de pression présentent chacun un mémoire au gouvernement. Dans chacune des 32 municipalités choisies au hasard au Québec, le premier groupe a interrogé 25 personnes rencontrées dans la rue. La question était : «Compte tenu des nombreux crimes commis par des récidivistes, ne croyez-vous pas que le rétablissement de la peine de mort s'impose?»

   Le ou la criminologue étudie les causes et les manifestations du crime.

   Le second groupe fait état d'un sondage sur le même sujet. Les 500 répondants et répondantes ont été choisis de façon systématique dans les annuaires téléphoniques en s'assurant que chacune des régions était représentée dans le même rapport que dans la population. La question était : «Êtes-vous pour ou contre la peine de mort pour les personnes reconnues coupables de meurtre avec préméditation?»

   a) Indique une source de biais dans le premier sondage.

   b) La méthode d'échantillonnage est-elle appropriée dans le premier sondage? Pourquoi?

   c) La méthode d'échantillonnage est-elle appropriée dans le second sondage? Pourquoi?

La peine de mort a été abolie en 1976 au Canada.

LES QUARTILES

CALCUL DES QUARTILES
CONSTRUCTION DU DIAGRAMME DE QUARTILES
INTERPRÉTATION DU DIAGRAMME DE QUARTILES
COMPARAISON DE DIAGRAMMES DE QUARTILES

CALCUL DES QUARTILES

La partie de quilles

Un groupe de 25 jeunes jouent une partie de quilles. Les résultats sont présentés dans le diagramme à tige et feuilles ci-contre.

Partie de quilles	
7	3-7
8	0-6-8
9	1-3-5-9
10	0-0-2-5-7
11	1-2-6
12	3-8
13	1-3-8-9
14	
15	3
16	9

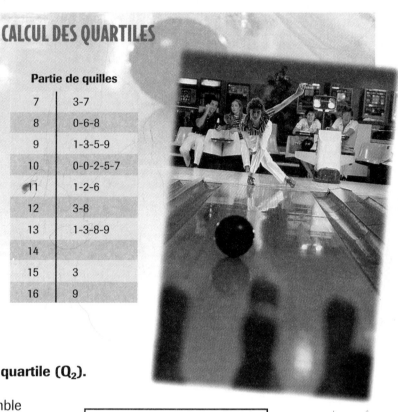

a) Quels ont été le meilleur et le pire score ?

b) Quel score se situe exactement au milieu de cet ensemble de données ?

Ce nombre constitue la médiane.
On le nomme aussi le **deuxième quartile (Q_2).**

c) Calcule la médiane de l'ensemble des scores inférieurs à Q_2.

Ce nombre est le **premier quartile (Q_1).**

d) Calcule la médiane de l'ensemble des scores supérieurs à Q_2.

Ce nombre est le **troisième quartile (Q_3).**

> La médiane d'un nombre **impair** de données ordonnées est la donnée du centre.
>
> La médiane d'un nombre **pair** de données ordonnées est la moyenne arithmétique des deux données du centre.

e) Combien y a-t-il de données :

1) inférieures à Q_1 ?
2) comprises entre Q_1 et Q_2 ?
3) comprises entre Q_2 et Q_3 ?
4) supérieures à Q_3 ?

f) Pourquoi, à ton avis, appelle-t-on les nombres Q_1, Q_2 et Q_3 des quartiles ?

Dans un ensemble de **données ordonnées**, la **médiane de la distribution** est le deuxième quartile, soit **Q_2**. La **médiane des données qui précèdent Q_2** est le premier quartile, soit **Q_1**. La **médiane des données qui suivent Q_2** est le troisième quartile, soit **Q_3**.

Les trois quartiles divisent la distribution en quatre sous-ensembles contenant le **même nombre** de données. Ces sous-ensembles sont appelés **quarts,** le premier quart étant l'ensemble des données qui précèdent Q_1.

Les victoires au baseball

Bob est un tel fanatique de baseball que ses amis le surnomment Babe Ruth. En déjeunant, il a lu dans son journal préféré les statistiques indiquant le nombre de victoires remportées par les clubs de la Ligue nationale de baseball. Il entre ces données dans une liste de sa calculatrice : {86, 78, 73, 71, 64, 58, 79, 77, 73, 59, 79, 80, 74, 59}.

George Herman Ruth Jr. (1895-1948), dit Babe Ruth, est une légende du baseball.

a) Après avoir ordonné les données, il détermine les valeurs de Q_1, de la médiane et de Q_3. Quelles sont-elles?

b) Quelles sont les données qui apparaissent dans le deuxième quart?

c) L'équipe qui a 78 victoires est-elle dans le groupe de tête, si l'on considère que ce groupe comprend le quart des équipes?

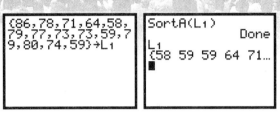

CONSTRUCTION DU DIAGRAMME DE QUARTILES

La compétition de gymnastique

Lors d'une compétition internationale de gymnastique, les 15 meilleurs gymnastes de la ronde préliminaire ont accès à la finale. Voici leurs résultats pour l'ensemble des quatre appareils :

29,5	30,375	30,125	31	31,25	32,5	34,5
35	35,875	36,25	36,25	37,5	38	38,25	38,75

a) Quelle est la médiane de cet ensemble de résultats?

b) Quels sont les autres quartiles de cette distribution?

c) Quel a été le plus petit résultat? le plus grand résultat?

d) Quelle est l'étendue de cette distribution?

Le **minimum,** le **maximum,** les **quartiles,** la **médiane** et l'**étendue** peuvent être mis en évidence grâce au **diagramme des quartiles.**

Voici comment construire ce diagramme :

1° Placer sur un axe horizontal les cinq valeurs suivantes : minimum, Q_1, médiane, Q_3 et maximum.

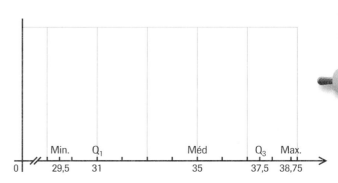

2° Vis-à-vis de Q_1, de la médiane et de Q_3, dessiner un trait vertical. Ces traits se nomment les **charnières.**

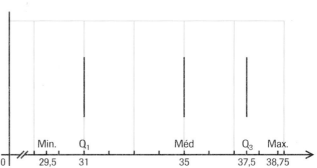

3° Dessiner une boîte (un rectangle) en reliant les extrémités des charnières. La longueur du rectangle est l'**étendue interquartile (EI).**

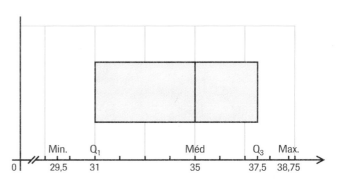

4° À partir du milieu de la charnière de droite, tracer un segment horizontal jusqu'à la valeur maximale et dessiner un trait vertical. Ce segment horizontal est une **moustache** ou une **tige.**

Faire de même pour la valeur minimale.

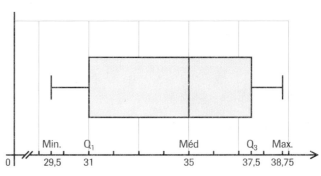

e) Construis un diagramme de quartiles avec la série suivante de données :

12, 15, 16, 18, 18, 20, 25, 30, 34, 34, 40, 44, 45, 45, 48, 50, 50, 51, 52, 53, 53, 55, 56, 58, 60

La file d'attente

Lara et Benito trouvent la nuit longue. Ils font la file dans le but d'acheter des billets pour le prochain Super Spectacle rock. Pour se distraire, ils interrogent les gens qui attendent avec eux pour savoir combien de billets ils ont l'intention de se procurer.

Voici les réponses obtenues :

2, 8, 12, 6, 4, 2, 4, 10, 9, 2, 4, 4, 6, 10, 1, 8, 5, 3, 2, 4, 10, 3, 5, 7, 3, 2, 3, 7, 6, 4

On peut construire un diagramme de quartiles à l'aide d'une calculatrice à affichage graphique :

1°   On entre les données dans une liste.

2°   On choisit le graphique «diagramme de quartiles».

3°   On détermine les valeurs de la fenêtre d'affichage.

4°   On fait afficher le graphique.

a) À l'aide du curseur, ou par la lecture du graphique, détermine les quartiles.

b) Détermine l'étendue de cette distribution.

La **calculatrice** à affichage graphique permet d'obtenir un **diagramme de quartiles** d'un ensemble de nombres sans avoir à ordonner et à calculer les quartiles.

INTERPRÉTATION DU DIAGRAMME DE QUARTILES

Les résultats du dernier test

Pour permettre à ses élèves de se situer par rapport au groupe, l'enseignante a remis le diagramme de quartiles suivant en même temps que les résultats au dernier test d'histoire. Ces résultats sont donnés en pourcentage et la note de passage est 60 %.

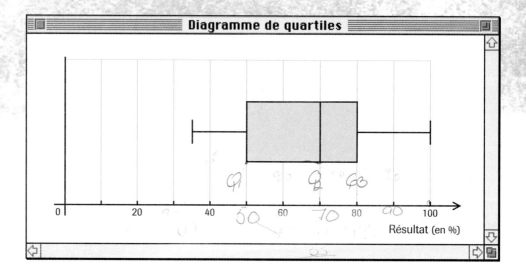

Diagramme de quartiles

Résultat (en %)

a) Détermine toutes les valeurs numériques que fournit le diagramme.

b) Dans quel quart de la distribution les résultats sont-ils le plus regroupés?

c) Voici quelques affirmations. Indique si elles sont confirmées ou contredites par le graphique ou encore si le graphique ne permet pas de dire si elles sont vraies ou fausses.

1) La moitié des élèves ont une note supérieure à 70 %.

2) Le nombre d'élèves dont la note se situe entre 50 % et 70 % est le même que celui dont la note est supérieure à 80 %.

3) Les résultats sont davantage regroupés autour des plus forts (r ≥ 80) qu'autour des plus faibles (r ≤ 50).

4) La moitié des élèves ont un résultat entre 50 % et 80 %.

5) La moyenne est 70 %.

6) Au moins un élève a obtenu 100 %.

7) Il y a 30 élèves dans cette classe.

8) Plus du quart des élèves ont échoué.

Les données sont le plus regroupées dans le quart qui a la plus petite étendue.

En plus de servir à présenter des données, le diagramme de quartiles permet de tirer **certaines conclusions plus générales** sur la **dispersion** ou la **concentration** des données. Toutefois, on ne peut tirer aucune conclusion concernant la moyenne et l'effectif.

COMPARAISON DE DIAGRAMMES DE QUARTILES

La série mondiale de baseball

Chaque automne, la série mondiale de baseball met aux prises la meilleure équipe de la Ligue nationale et la meilleure de la Ligue américaine. Pour évaluer les chances de chacune des équipes, l'ordinateur Frida compare le rendement des frappeurs à l'aide du nombre de points produits, soit le nombre de points que chaque joueur a fait compter durant la saison régulière. Le diagramme à tige et feuilles ci-contre présente les données des deux équipes.

En utilisant deux listes et deux graphiques, Frida a ensuite affiché sur le même écran les diagrammes de quartiles représentant le rendement des frappeurs des deux équipes.

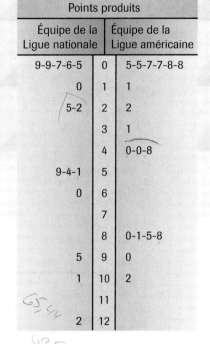

Points produits		
Équipe de la Ligue nationale		Équipe de la Ligue américaine
9-9-7-6-5	0	5-5-7-7-8-8
0	1	1
5-2	2	2
	3	1
	4	0-0-8
9-4-1	5	
0	6	
	7	
	8	0-1-5-8
5	9	0
1	10	2
	11	
2	12	

a) Laquelle des deux ligues est représentée par le diagramme du haut?

b) Dans quelle ligue joue le frappeur qui a fait produire le plus de points?

c) Les deux équipes ont-elles le même nombre de frappeurs?

d) Comment interpréter le fait que la tige de droite est plus longue dans l'un des diagrammes?

e) Après avoir analysé les diagrammes, Frida indique que la moyenne de points produits des joueurs de la Ligue nationale est plus élevée que celle des joueurs de la Ligue américaine. L'ordinateur a-t-il raison? Justifie ta réponse en calculant la moyenne de chaque équipe.

f) Dans quel quart les données sont-elles le plus concentrées :

   1) pour la Ligue nationale?   2) pour la Ligue américaine?

g) Dans quel quart les données sont-elles le plus dispersées :

   1) pour la Ligue nationale?   2) pour la Ligue américaine?

h) Lors d'un match de baseball, il n'y a que neuf frappeurs dans le rôle offensif. Quelle équipe a le plus de chances de gagner? Justifie ta réponse.

Les **diagrammes de quartiles** constituent un bon moyen de **comparer deux ensembles de données,** notamment dans les cas où leurs **effectifs sont différents.** On peut comparer les médianes, les quartiles, le minimum et le maximum, et avoir ainsi une bonne idée de la dispersion ou de la concentration des données.

1. Voici quatre distributions :

A : 1, 2, 15, 200, 1000   B : 10, 12, 18, 20

C : 15, 15, 15, 15, 15   D : 0, 2, 5, 8, 9, 15, 17, 19, 24, 35, 46

a) Calcule la médiane dans chaque cas.

b) Que remarque-t-on au sujet des médianes obtenues ?

2. Comment peut-on calculer l'étendue interquartile à partir des quartiles ?

3. Pour chacune des distributions suivantes, détermine les quartiles et l'étendue interquartile.

a) 1, 3, 5, 7, 11, 14, 16, 17, 20   **b)** 18, 20, 26, 29, 35

c) 123, 145, 234, 452, 600, 780   **d)** 1, 4, 6, 12, 17, 19, 28, 37, 41, 48

4. Nancy vient de se procurer un album-compilation de son groupe musical préféré, Supertramp. Voici, en secondes, la durée de chacune des 15 plages du disque :

335, 265, 225, 256, 157, 438, 243, 320, 199, 319, 412, 370, 243, 265, 287

a) Place ces données en ordre croissant et détermine les trois quartiles.

b) Quelle est l'étendue interquartile ?

5. Les trois quartiles divisent un ensemble de données ordonnées en quatre sous-ensembles comprenant chacun le même nombre d'éléments. Combien y aura-t-il d'éléments dans chaque sous-ensemble si l'ensemble comprend :

a) 12 données ?   **b)** 21 données ?

c) 102 données ?   **d)** 4 803 données ?

6. Voici les points accumulés par les joueurs d'attaque du Canadien de Montréal durant la saison 1995-1996.

a) Quelle est la médiane ?

b) Quels sont les deux autres quartiles ?

c) Construis le diagramme de quartiles.

Avocat réputé et auteur à succès, Ken Dryden a aidé le Canadien à remporter 6 Coupes Stanley, de 1971 à 1979.

d) Quels sont les joueurs dont le nombre de points se situe à l'intérieur de la boîte dans le diagramme ?

Joueurs d'attaque du Canadien

Nom	Points
Turgeon	96
Damphousse	94
Recchi	78
Rucinsky	75
Kovalenko	56
Koivu	45
Bure	43
Savage	33
Brunet	15
Petrov	11
Bureau	10
Murray	7
Brashear	4

7. À l'aide d'un radar, on a noté la vitesse d'un certain nombre de véhicules circulant sur une autoroute. Le diagramme à tige et feuilles ci-contre présente ces données.

Vitesse (en km/h)

8	5-8
9	2-4-5-7-7-8-8-8-9-9-9
10	0-0-1-2-2-3-4-4-5-6-8-8-9-9
11	0-2-5-6-6-7-8-8-8-9-9-9-9
12	3-5-6-7-9
13	0-1-2-7
14	2-5-7
15	
16	4

a) La vitesse permise est de 100 km/h. Quel pourcentage des automobilistes respectaient la vitesse autorisée?

b) Construis un diagramme de quartiles pour représenter ces données.

c) Sachant que la médiane est 109, dans quel quart se trouve l'autre 109?

d) En examinant le diagramme, peut-on affirmer :
   1) que la moitié des automobilistes excédaient la vitesse permise par plus de 10 km/h?
   2) que les données sont plutôt regroupées autour de la médiane?

Plus de 22 000 policiers et policières patrouillent les 69 719 km de routes du Québec. Le cinémomètre (radar) est l'une des méthodes utilisées pour lutter contre les excès de vitesse.

8. Dans le cadre d'un travail de français, Claude a fait un sondage auprès des élèves de quatrième secondaire de son école. La question était : «Combien d'heures par semaine consacrez-vous à l'écoute de la télévision?» Les résultats sont présentés dans le tableau de distribution ci-contre.

a) Construis le diagramme de quartiles à partir de cette distribution.

b) Détermine l'étendue de la distribution et l'étendue interquartile.

c) D'après le diagramme, dans quel quart les données sont-elles :
   1) le plus concentrées?
   2) le plus dispersées?

d) Quelle est la moyenne de cette distribution?

Écoute de la télévision

Nombre d'heures	Effectif
10	1
11	1
12	1
13	2
14	5
15	5
16	7
17	10
18	8
19	6
20	4
21	2
22	4
23	1
24	5

9. Une infirmière a pesé les 200 élèves de la troisième année d'une école primaire. Voici le diagramme de quartiles qu'elle en a tiré :

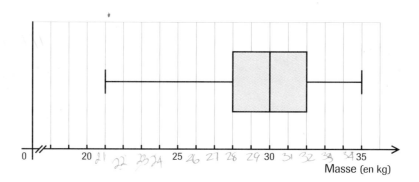

a) Détermine les informations numériques révélées par le diagramme : minimum, maximum, quartiles, étendue, étendue interquartile.

b) Peut-on conclure que la moyenne est égale à la médiane, étant donné que cette dernière est exactement au milieu des deux autres quartiles?

c) Est-il exact qu'environ 100 élèves pèsent 30 kg ou plus?

d) Donne au moins deux autres conclusions à partir des informations fournies par le diagramme.

10. À l'aide d'une calculatrice, d'une table de nombres aléatoires ou par tirage au sort, détermine 20 nombres entiers aléatoires compris entre 30 et 50.

a) Détermine les quartiles de cet échantillon.

b) Construis le diagramme de quartiles illustrant ces données.

c) Calcule la moyenne de ces 20 nombres. Est-elle supérieure ou inférieure à la médiane?

d) Si l'on reprend l'expérience avec un autre échantillon de 20 nombres, la réponse à la question précédente peut-elle varier?

11. Deux équipes de basketball s'affrontent. Le statisticien des Géantes a présenté à l'instructeur un diagramme à tige et feuilles décrivant la taille des joueuses des équipes en présence.

Taille des joueuses (en cm)		
Les Géantes		Les Sauterelles
9	15	
7-6-5-3-2-1	16	2-2-3-5-6-7-9-9
8-3-0	17	2-2-2-4

a) Sur un même graphique, trace le diagramme de quartiles pour chacune des deux équipes.

b) Globalement, quelle équipe a les joueuses les plus grandes?

c) Dans quelle équipe la taille médiane est-elle la plus élevée?

d) Que penses-tu des chances de gagner des deux équipes si l'on s'en tient au critère de la taille des joueuses?

Ce seraient les Incas qui, les premiers, auraient inventé au VIIe s. av. J.-C. un jeu analogue au basket-ball, le «pok-ta-kop».

(handwritten annotations at top):
min 112
Q1 = 114
Q2 = 127
Q3 = 139   max 150

12. Voici des informations sur une distribution inconnue. La plus petite donnée est 112. La médiane est 127. L'étendue interquartile est 18. Le troisième quartile (Q_3) est 132. Enfin, l'étendue de la distribution est 38. Trace le diagramme de quartiles de cette distribution.

13. L'équipe québécoise féminine de ski alpin participe à une rencontre amicale avec l'équipe de France au mont Sainte-Anne. À la fin de la journée, les entraîneurs discutent des performances de leurs athlètes dans la descente en consultant le graphique suivant.

La station de ski du mont Sainte-Anne est l'hôte de plusieurs compétitions de ski et de planche à neige.

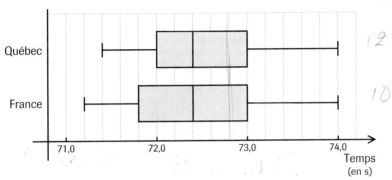

(handwritten: 12 beside Québec, 10 beside France)

a) Quelle est la nationalité de la skieuse la plus rapide?

b) Quel temps a-t-elle réalisé?

c) Dans quelle équipe y a-t-il la plus grande différence entre les performances des skieuses? *(handwritten: France)*

d) L'équipe québécoise comprend 12 skieuses et l'équipe française, 10. Dans quelle équipe y a-t-il un plus grand nombre de skieuses ayant réalisé un temps de moins de 72,4 s?

Avant d'être un sport, le ski était principalement un moyen de locomotion dans les pays nordiques.

FORUM

a) Peut-on construire un diagramme à tige et feuilles à partir d'un diagramme de quartiles? Justifiez votre réponse en indiquant les informations que chacun de ces diagrammes contient.

b) Peut-on déduire le tableau de distribution à partir du diagramme de quartiles si l'on connaît l'effectif total?

Sujet 4 — LES MESURES DE POSITION

DIFFÉRENTS TYPES DE MESURES

Les notes, c'est parfois trompeur

Marie-Michèle et Jovanni se rencontrent entre deux cours.

> Le prof d'histoire vient de nous remettre les résultats du dernier test. Je n'ai eu que 69 % et la moyenne de la classe est de 70 %. Il y a une différence de 60 % entre le premier et le dernier. Mon résultat est tout près du deuxième quartile.

> Nous, c'est l'enseignante de français qui nous a remis nos résultats. J'ai 77 % et la moyenne est de 80 %. La différence entre le premier et le dernier est de 20 %. Mon résultat est légèrement inférieur au premier quartile.

a) Qui de Marie-Michèle ou de Jovanni a le résultat le plus satisfaisant?

b) Les différentes mesures calculées à partir d'un ensemble de données donnent des informations sur la distribution. Quel genre d'informations sont fournies par :

1) la médiane?   2) la moyenne?

3) le mode?   4) l'étendue?

5) l'étendue interquartile?   6) l'étendue de chaque quart?

Les **mesures de tendance centrale** sont la **médiane**, la **moyenne** et le **mode**. Ces mesures se situent généralement **au milieu d'une distribution.**

Les **mesures de dispersion** telles que l'**étendue de la distribution**, l'**étendue interquartile** et l'**étendue de chacun des quarts** renseignent sur la **concentration** ou l'**étalement** des données.

Les quartiles renseignent également sur la position d'une donnée dans la distribution. Cependant, comme **mesures de position,** on leur préfère le **rang cinquième** et le **rang centile.**

c) Indique de quel type (mesure de tendance centrale, de dispersion ou de position) sont les mesures données en *b)*.

d) Dans quelle catégorie peut-on classer :

1) le rang dans la distribution ?

2) le rang cinquième ?

3) le rang centile ?

RANG CINQUIÈME

Le bulletin

Voici une partie du bulletin d'une élève de quatrième secondaire.

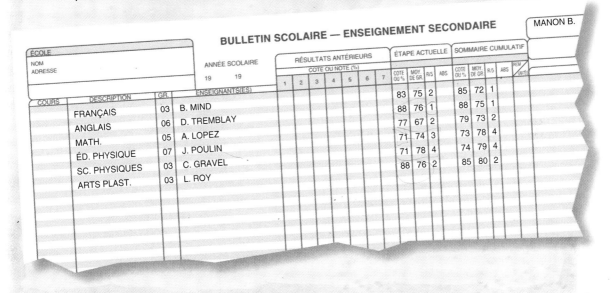

a) Que représente le symbole R/5 que l'on voit au haut de deux colonnes ?

b) Quelle est la signification du nombre 2 de la première de ces colonnes à la ligne du français ?

c) Quel rang peut occuper Manon dans sa classe de français ?

d) D'une matière à l'autre, Manon appartient-elle toujours au même groupe d'élèves ?

e) Manon compare ses notes en éducation physique et en sciences physiques. Dans quelle matière peut-elle être le plus satisfaite ? car elle se situe plus proche de la concentration.

f) Compare ses notes en anglais et en arts plastiques. Laquelle correspond à un meilleur rendement ? Se situe dans le rang 1

g) Pourquoi peut-on dire que le rang cinquième est une mesure de position ?

Le **rang cinquième,** noté R/5 ou R_5, est une **mesure de position.** Les données du groupe de référence sont **ordonnées** et **divisées en cinq groupes** comprenant, en autant que possible, le même nombre de données. On attribue ensuite le **premier rang cinquième** aux **meilleurs résultats,** le **rang cinquième 2** aux suivants, et ainsi de suite.

Le repêchage

Un groupe d'amis ont organisé un repêchage. Chacun des 15 membres du groupe a choisi 10 joueurs de la Ligue nationale de hockey. Chaque mois, on additionne le nombre de points accumulés par tous les joueurs de chaque participant. Voici les résultats après un mois :

> 51, 52, 55, 57, 59, 60, 61, 62, 64, 67, 68, 69, 71, 73, 75

a) Détermine quelles sont les données qui appartiennent à chacun des rangs cinquièmes.

Voici les résultats après deux mois :

> 105, 106, 107, 114, 116, 117, 125, 127, 128, 128, 134, 135, 139, 140, 144

Deux **données égales** doivent avoir le **même rang cinquième.** On ne change pas les autres groupes, mais on classe les données égales dans le même rang cinquième, habituellement avec la donnée la plus proche, selon son jugement.

b) Indique quelles sont les données qui appartiennent à chacun des rangs cinquièmes après le deuxième mois.

Au troisième mois, deux autres membres se sont ajoutés au groupe. Voici les résultats après trois mois :

> 145, 160, 164, 167, 168, 172, 175, 176, 177, 180, 185, 186, 187, 190, 191, 195, 199

c) Pourquoi n'est-il pas possible d'obtenir cinq groupes ayant le même nombre de données?

Quand l'**effectif** de l'ensemble de données **n'est pas un multiple de 5,** on forme cinq groupes ayant à peu près le même nombre de données, en tentant de **réduire autant que possible l'écart** entre les données d'un même groupe. Parfois, des regroupements différents sont acceptables.

d) Indique quelles sont les données qui appartiennent à chacun des rangs cinquièmes après le troisième mois.

Les résultats du repêchage, à la fin de l'année, ont été les suivants :

> 395, 401, 410, 420, 420, 420, 425, 433, 441, 450, 451, 458, 473, 473, 480, 495, 512

e) Calcule le rang cinquième des données suivantes :

1) 420   2) 441   3) 473

Le **rang cinquième** permet de déterminer la **position relative d'une donnée** dans une distribution. Le **premier** rang cinquième correspond au **meilleur résultat** d'une distribution ordonnée.

1. Attribue des rangs cinquièmes aux séries de données suivantes :

   a) 18, 3, 6, 12, 7, 9, 4, 9, 9, 7, 16, 23, 18

   b) 24, 33, 36, 39, 23, 32, 28, 17, 25, 28, 25, 34, 39, 34, 24, 28

2. On élabore un test pour sélectionner les élèves qui représenteront l'école au concours Opti-Math. Voici les résultats de ceux et celles qui ont passé ce test :

   122, 124, 126, 127, 133, 136, 138, 139, 142, 144, 145, 150, 153, 156, 157, 163, 166, 170, 173, 175, 178, 179, 180, 185, 190

   a) On ne retiendra que les résultats de rang cinquième 1. Quels sont ces résultats?

   b) Quel est le rang cinquième de la note 145?

   c) Quel est le rang cinquième de la médiane?

3. Voici les résultats du dernier travail en arts plastiques des élèves du groupe d'Agnia :

   70, 70, 71, 74, 75, 75, 76, 80, 80, 81, 85, 86, 88, 89, 90, 91, 92

   a) Quels résultats appartiennent au quatrième rang cinquième?

   b) Après avoir corrigé les travaux, l'enseignante révise la note de celui qui avait obtenu 71. Elle lui accorde alors 73. Les regroupements pour les rangs cinquièmes sont-ils modifiés?

   c) Quel est le rang cinquième des données suivantes :

   1) 80?   2) 92?   3) 70?

4. Voici la liste des résultats des élèves du groupe d'Isabelle en mathématique aux deux examens de l'étape.

   Examen 1 : 12, 14, 15, 16, 18, 20, 21, 22, 23, 24, 24, 24, 25, 25, 27, 27, 28, 30, 30, 32, 32, 34, 35, 37, 38, 38, 39, 40, 40

   Examen 2 : 30, 32, 32, 33, 34, 36, 37, 38, 40, 42, 42, 42, 44, 45, 45, 46, 47, 47, 48, 50, 52, 52, 54, 55, 57, 58, 58, 60 (1 élève absent)

   On a entouré les deux résultats d'Isabelle. Par rapport à son groupe, quel examen a-t-elle le mieux réussi?

5. Pour la formation de l'équipe d'élite de ringuette d'une région, on a fait passer différents tests dont celui où il fallait faire le plus grand nombre possible de redressements assis en 60 s. Voici les résultats enregistrés par les 29 candidates : 10, 12, 12, 15, 18, 18, 20, 23, 23, 24, 24, 25, 26, 26, 26, 28, 30, 32, 34, 34, 35, 36, 38, 38, 39, 40, 43, 44, 48.

   Quels sont les résultats cotés D et E si ces cotes correspondent aux deux derniers rangs cinquièmes?

Le jeu de ringuette est originaire de North Bay, Ontario. Depuis sa création, en 1963, ce sport est très populaire chez les filles.

6. En général, peut-on affirmer que chaque rang cinquième comprend environ 20 % des données?

7. Présente une distribution de 10 nombres inférieurs ou égaux à 10 dont le résultat 7 est :

    a) dans le premier rang cinquième;   *b)* dans le dernier rang cinquième.

8. Crée une distribution de 20 nombres inférieurs ou égaux à 15 dont le troisième rang cinquième est entièrement occupé par le résultat 12.

9. Voici la distribution du temps de chacune des 16 chansons d'un disque compact :

> 3,45 min, 3,8 min, 4,2 min, 4,4 min, 3,1 min, 2,8 min, 4,5 min, 3,8 min, 4,2 min, 4,7 min, 4,9 min, 5,4 min, 3,5 min, 4 min, 3,8 min, 3,1 min

    a) Dans cette distribution, quelle est la valeur :

        1) de la médiane?   2) du mode?   3) de la moyenne?

    b) Quelle est la moyenne des données situées entre le deuxième et le troisième quartile?

    c) Quelle est la moyenne des données situées dans les deux premiers rangs cinquièmes?

10. Pour participer aux compétitions de gymnastique de haut niveau, les candidates doivent réussir de bonnes performances dans trois des quatre disciplines suivantes : poutre, barres asymétriques, sol et cheval sautoir. Voici les résultats de 12 candidates pour chacune de ces disciplines :

Lyne :	7,6	8,2	6,4	7,8	Maggy :	7,2	7,6	8,5	6,8	Quinn Anh :	5,6	7,8	8,2	8,5
Sophie :	8,6	8,2	6,4	7,9	Danie :	8,2	6,6	8,5	7,8	Maria :		7,6	7,8	8,2	8
Gina :	6,6	8,2	7,4	7,9	Ann :	7,4	7,8	8,2	7,8	Roberta :		8,6	7,9	8,2	7,2
Denise :	6,6	9,2	7,4	7,8	Joanne :	7,9	7,9	6,5	8,8	Jeny :		7,5	7,5	8,2	7,5

Quelles sont les filles qui se classent dans les deux premiers rangs cinquièmes dans au moins trois disciplines?

a) La médiane d'une distribution est-elle toujours dans le troisième rang cinquième? Justifiez votre réponse.

b) Est-il préférable d'avoir un résultat qui se situe dans le cinquième rang cinquième lorsque les résultats sont nombreux ou peu nombreux? Justifiez votre réponse.

c) Combien de résultats différents faut-il au minimum pour qu'un classement en rangs cinquièmes ait du sens? Justifiez votre réponse.

RANG CENTILE

Le «fils à maman»

Marianne et Angela ont deux fils du même âge dont elles sont très fières. Récemment, Christian et Rodrigo ont participé à une course de cross-country. Lors d'une conversation, Marianne s'est fait un plaisir d'annoncer que Christian avait terminé cinquième d'un groupe de 40 participants. Angela s'est alors empressée de répliquer que Rodrigo avait pris la huitième place d'un groupe de 60 participants. L'une et l'autre semblaient dire que leur fils avait eu le meilleur classement.

a) Au fait, qui a obtenu le meilleur classement?

Il n'est pas facile de comparer la position de deux données provenant de distributions différentes. Afin de simplifier la comparaison, on a recours au **rang centile.**

Le **rang centile** est le nombre qui indique le pourcentage de données qui sont **inférieures ou égales** à la donnée considérée.

b) Le problème à résoudre se pose donc dans les termes suivants. Résous-le.

Christian a terminé cinquième sur 40.	Rodrigo a terminé huitième sur 60.
1) Combien d'individus occupent un rang inférieur ou égal au sien?	1) Combien d'individus occupent un rang inférieur ou égal au sien?
2) Quel pourcentage représente $36/40$?	2) Quel pourcentage représente $53/60$?

c) Quel est le rang centile de Christian? de Rodrigo?

Généralement, si le rang centile n'est pas un entier, on l'arrondit à l'unité supérieure.

d) Qui a le meilleur classement dans son groupe?

e) Quel est le rang centile de celui qui s'est classé premier dans le groupe de Christian? de Rodrigo?

f) Quel est le rang centile de celui qui a terminé dernier dans le groupe de Christian? de Rodrigo?

g) Pourquoi est-il impossible d'obtenir le rang centile 0?

Angela n'allait pas se laisser damer le pion. Elle relança la discussion en affirmant que Rodrigo avait eu 34 sur 40 dans son test de langue seconde, ce qui le plaçait troisième de sa classe de 30 élèves. Marianne, après quelques hésitations, indiqua que Christian avait eu 56 sur 60, ce qui le plaçait huitième de sa classe de 35 élèves.

h) Qui a obtenu le meilleur classement? Le problème posé est le suivant :

Christian a terminé huitième sur 35.

1) Quelle fraction de la classe occupe une position égale ou inférieure à la sienne?

2) Quel pourcentage correspond à cette fraction?

3) Quel est le rang centile de Christian à ce test?

Rodrigo a terminé troisième sur 30.

1) Quelle fraction de la classe occupe une position égale ou inférieure à la sienne?

2) Quel pourcentage correspond à cette fraction?

3) Quel est le rang centile de Rodrigo à ce test?

Marianne relança la discussion sur la formation des équipes de «Génies en herbe» représentant chaque école de la commission scolaire.

Au test de sélection de son école, Christian a terminé sixième sur 240 élèves, sur un pied d'égalité avec huit autres élèves. Rodrigo pour sa part a terminé sixième sur 430 élèves inscrits.

i) Qui a obtenu le meilleur rang centile? Cela est-il juste?

Dans bien des situations, on attache plus d'importance au **classement des données dans leur distribution respective qu'aux données elles-mêmes.** Les rangs centiles facilitent les comparaisons.

Par convention, les rangs centiles s'échelonnent de **1 à 100 inclusivement.**

Le cross-country est une course à pied n'excédant pas 16 km, en terrain varié à travers la campagne, suivant un tracé déterminé.

1. Quel est le rang centile de la donnée d'une distribution dont :

   a) 77 % des données sont inférieures ou égales à cette donnée ?

   b) 83 % des données sont supérieures à cette donnée ?

2. Quel est le rang centile d'une personne qui a terminé une course en 15e place s'il y avait 100 participants et participantes ?

3. Quel est le rang centile d'une personne qui a terminé :

   a) 12e sur 20 ? b) 5e sur 40 ? c) 1re sur 10 ? d) 20e sur 20 ?

4. Quel est le rang centile de la donnée encadrée dans chaque distribution ?

   a) 12, 18, 15, 16, 16, 18, 20, 24, 24, 25, 27, 32, 33, 35, 38, 40, 42, 42, 48, 50

   b) 48, 50, 50, 50, 52, 55, 55, 56, 58, 59, 59, 60, 60, 60, 63, 64, 64, 65, 66, 66, 69, 70, 72, 72, 73, 74, 75, 78, 78, 79, 79, 80, 82, 83, 83, 84, 84, 85, 86, 88, 89, 90, 92, 98, 99

5. Détermine le rang centile de la donnée encadrée dans ces distributions.

   a) 132, 133, 134, 134, 134, ..., 169, 169, 172, 172, 172, 175, ..., 200

   340 données   155 données

   b) 45, 48, ..., 97, 97, 97, 97, 97, 97, 97, 98, 101, ..., 358

   620 données   833 données

6. Quel est le rang centile de la donnée d'une distribution dont 80 % des données sont inférieures et 10 % sont égales à cette donnée ?

7. Donne deux raisons pour lesquelles on utilise les rangs centiles plutôt que les rangs cinquièmes.

8. Lors d'une compétition québécoise, Jasmine s'est classée au 12e rang, ex æquo avec trois autres candidats ou candidates parmi les 980 inscrits. À la compétition canadienne, elle s'est classée 15e sur 1 250 inscrits, ex æquo avec cinq autres. Dans lequel des deux concours s'est-elle le mieux classée ?

9. À la maternité d'un grand hôpital, on a enregistré la masse et la taille à la naissance des 345 nouveau-nés. Tuong Vi partageait la 52e place avec huit autres bébés pour la masse et la 70e place pour la taille avec cinq autres poupons. Quel était son rang centile dans chaque distribution ?

Dans les centres hospitaliers, le service de périnatalogie se spécialise dans les soins aux nouveau-nés.

10. Yanick est un excellent jeune joueur de tennis. Parmi les 300 meilleurs espoirs de son âge, il occupe la 118ᵉ position.

Le mot «tennis» vient de l'exclamation «Tenez!» du joueur qui lance la balle.

a) Quel est son rang centile dans ce groupe de référence?

b) Quel est le rang centile de celui qui le suit immédiatement?

c) Quel est le rang cinquième de Yanick?

11. Gaétane a reçu son relevé de notes du ministère de l'Éducation du Québec. En voici un extrait :

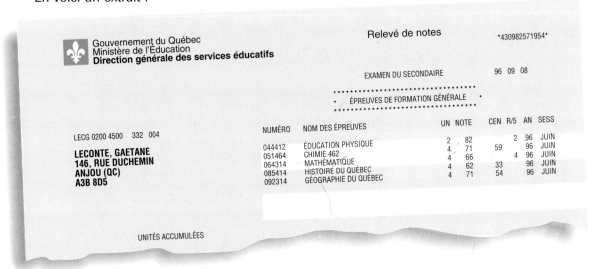

Gouvernement du Québec			**Relevé de notes**			*430982571954*	

EXAMEN DU SECONDAIRE   96 09 08

****
* ÉPREUVES DE FORMATION GÉNÉRALE *
****

Gouvernement du Québec
Ministère de l'Éducation
Direction générale des services éducatifs

LECG 0200 4500   332 004

LECONTE, GAETANE
146, RUE DUCHEMIN
ANJOU (QC)
A3B 8D5

NUMÉRO	NOM DES ÉPREUVES	UN	NOTE	CEN	R/5	AN	SESS
044412	ÉDUCATION PHYSIQUE	2	82		2	96	JUIN
051464	CHIMIE 462	4	71	59		96	JUIN
064314	MATHÉMATIQUE	4	66		4	96	JUIN
085414	HISTOIRE DU QUÉBEC	4	62	33		96	JUIN
092314	GÉOGRAPHIE DU QUÉBEC	4	71	54		96	JUIN

UNITÉS ACCUMULÉES

a) Peut-on dire que Gaétane a de bons résultats? Justifie ta réponse.

b) Si 25 000 élèves ont été évalués en chimie 462 à la session de juin 1996, combien ont eu un résultat inférieur ou égal à 71?

c) Gaétane a-t-elle mieux réussi en chimie ou en géographie? Justifie ta réponse.

12. Une classe compte 30 élèves. Quel est, approximativement, le rang centile de l'élève qui occupe :

a) la dernière place du deuxième rang cinquième dans un test de géographie?

b) la première place du cinquième rang cinquième dans un test de morale?

13. On a remis les résultats d'un examen de biologie. Andrée a obtenu un résultat de 88 % et un rang cinquième de 1. Benjamin a obtenu 62 % et un rang cinquième de 5. Christian a un résultat de 90 %, Dorine de 59 % et le rang centile d'Eddy est 35.

Quel est le rang cinquième de :

a) Christian?   **b)** Dorine?   **c)** Eddy?

14. Aux Jeux olympiques, la finale du 100 m hommes oppose huit coureurs.

a) Quel est le rang cinquième et le rang centile du médaillé de bronze?

b) Quel est le rang centile du médaillé d'argent?

15. Voici la distribution des résultats du dernier tournoi d'échecs local.

Tournoi d'échecs

Points	Effectif
5	1
4,5	3
4	5
3,5	6
3	15
2,5	16
2	8
1,5	7
1	6
0,5	5
0	3

On fait remonter l'origine des échecs au VIe s., en Inde.

a) Ceux et celles qui se sont classés dans les deux premiers rangs cinquièmes se sont qualifiés pour le championnat régional. Combien de points fallait-il accumuler pour participer à ce championnat?

b) Quels sont les rangs cinquièmes des résultats 1,5 et 2?

c) Quels sont les rangs centiles des résultats 1,5 et 2?

d) Que peut-on conclure au sujet de la précision des rangs centiles et des rangs cinquièmes?

e) Quel résultat a le rang centile 15?

16. Dans un hippodrome, on a relevé le meilleur temps des chevaux qui ont pris un départ et plus lors de la dernière saison estivale. Dans le tableau ci-dessous, on présente la distribution obtenue à partir de ces données regroupées en classes.

Les courses de chevaux sont l'un ~~des~~ sports les plus ~~an~~ciens. Leur origine ~~re~~monte aux tribus nomades d'Asie centrale qui, les premières, ont domestiqué le cheval.

Course de chevaux

Temps	Effectif
]1:57, 2:00]	16
]2:00, 2:03]	36
]2:03, 2:06]	48
]2:06, 2:09]	24
]2:09, 2:12]	20

a) Trouve le rang centile de la limite supérieure de chaque classe.

b) Quelle est la classe modale?

c) Quelle est la classe médiane?

 **FORUM**

a) Quel est le rang cinquième et le rang centile de chacun des quartiles?

b) Est-il préférable d'avoir:

1) un rang centile de 1 ou un rang cinquième de 1?

2) un résultat de 99 sur 100 ou un rang centile de 99?

c) Que pourrait être un rang décile?

RANG CENTILE ET DONNÉE

Le «tir de tracteurs»

Dans ce genre de compétition, des tracteurs
modifiés tirent des charges de plus de 30 t sur
une piste sablonneuse. Les points sont
attribués selon la distance franchie.
On présente ci-dessous les
résultats obtenus par les
pilotes lors d'une compétition.

223	226	235	237	240	241	248	248	251	253	255	257	259	262	263	263
264	269	270	271	274	275	275	277	278	281	282	285	288	290	296	299

On veut savoir lequel de ces résultats correspond au rang centile 25.

a) Que peut-on déduire du fait qu'une donnée a le rang centile 25?

b) L'ensemble de toutes les données correspond à 100 % des 32 données. À combien de données correspondent 25 % des données?

c) Quelle donnée occupe le huitième rang à partir des moins bons résultats?

d) Effectue la même démarche pour déterminer quelle donnée a 44 comme rang centile.

e) Pourquoi, à la question précédente, faut-il arrondir le résultat obtenu à l'unité inférieure?

f) S'il y a moins de 100 données, les rangs centiles sont-ils tous occupés par une donnée?

De façon générale, pour déterminer la donnée correspondant à un rang centile, on procède comme suit :

1° On détermine le nombre de données inférieures ou égales à la donnée recherchée en effectuant le calcul suivant :

$$\frac{\text{Rang centile}}{100} \times \text{Nombre total de données}$$

2° Si le résultat n'est pas un entier, on l'arrondit à l'unité supérieure.

3° On recherche dans la liste des données ordonnées celle qui occupe le rang trouvé à partir du moins bon résultat.

INVESTISSEMENT 7 ▶ ▶ ▶ ▶ ▶ ▶

1. On donne la distribution suivante :

12, 14, 17, 19, 24, 27, 32, 34, 34, 48, 40, 44, 46, 49, 54, 65, 65, 72, 74, 84

Quelle donnée possède le rang centile suivant?

a) 20   **b)** 25   **c)** 40   **d)** 90

2. Voici le classement des pilotes de formule 1 pour la saison 1996 :

Pilotes de formule 1

Pilote	Points	Pilote	Points	Pilote	Points
Damon Hill	97	Gerhard Berger	21	Heinz Harald Frentzen	7
Jacques Villeneuve	78	David Coulthard	18	Mika Salo	5
Michael Schumacher	59	Rubens Barrichello	14	Johnny Herbert	4
Jean Alesi	47	Olivier Panis	13	Pedro Diniz	2
Mika Hakkinen	31	Eddie Irvine	11	Jos Verstappen	1
		Martin Brundle	8		

Quel coureur a le rang centile donné ?

a) 100   **b)** 82   **c)** 50   **d)** 13

3. Voici les données concernant les 20 athlètes sélectionnées pour former l'équipe féminine de volley-ball de l'école.

Équipe de volley-ball

Prénom de l'athlète	Taille (en cm)	Masse (en kg)	Élévation (en cm)	Prénom de l'athlète	Taille (en cm)	Masse (en kg)	Élévation (en cm)
Anna	168	40	38	Lise	171	48	37
Bella	170	46	36	Manon	167	43	40
Cindy	167	45	42	Maryse	176	54	43
Donna	165	52	46	Mina	172	52	56
Danie	166	50	39	Nadine	169	50	47
Freda	170	54	44	Nancy	165	54	44
Hélia	174	55	38	Noëlla	164	48	46
Joan	169	48	43	Rita	168	51	37
Josée	166	51	42	Sandy	169	48	53
Lina	169	48	40	Ursula	173	56	60

a) Détermine les athlètes qui occupent les positions suivantes :

1) premier rang cinquième en taille ;   2) rang centile 50 pour la masse ;

3) rang centile supérieur à 80 pour l'élévation.

b) Quelles athlètes ont un rang centile supérieur à 80 dans les trois distributions ?

4. Le polatouche est une sorte d'écureuil volant. Il vit principalement en Europe. On a poursuivi en forêt l'un de ces écureuils et on a mesuré la longueur de ses vols planés. On a obtenu les résultats suivants, en mètres :

20, 25, 40, 38, 45, 24, 12, 18, 24, 48, 19, 24, 28, 32, 44, 25, 37, 8, 35, 23

a) Quelle est l'étendue des données ?   **b)** Quelle est la médiane de ces données ?

c) Quelle donnée a le rang centile 40 ?   **d)** Quelle est la longueur moyenne de ces vols ?

a) À quels rangs centiles correspond chaque rang cinquième?

b) Plusieurs données peuvent faire partie du premier rang cinquième. Peut-il y avoir plusieurs données pour un même rang centile? Illustrez votre réponse.

c) Peut-il y avoir des rangs centiles auxquels n'est associée aucune donnée? Si oui, dans quel cas?

 ▶ ▶ ▶ **Math Express 10** ▶ ▶ ▶

La **médiane** divise une distribution ordonnée en deux parties ayant le même nombre de données et correspond au **deuxième quartile Q_2**. La médiane des données qui précèdent Q_2 est le **premier quartile Q_1**. La médiane des données qui suivent Q_2 est le **troisième quartile Q_3**.

Le **diagramme de quartiles** met en évidence le **minimum**, le **maximum**, la **médiane**, les **quartiles** et l'**étendue**. Il permet, d'un seul coup d'œil, d'avoir une bonne idée de la **concentration** ou de la **dispersion des données** et de **comparer deux ensembles** de données de même nature.

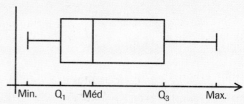

Les **mesures de position** permettent de situer une donnée parmi les autres, d'avoir une idée de son rang et de comparer des données de même nature provenant d'ensembles différents.

Pour attribuer un **rang cinquième** à une donnée :

1° On place les données en ordre décroissant.

2° On forme cinq groupes comprenant à peu près le même nombre de données.

3° Les données du groupe correspondant aux meilleurs résultats reçoivent le rang cinquième 1, celles du deuxième groupe le rang cinquième 2, et ainsi de suite.

Le **rang centile** d'une donnée est le **pourcentage des données qui lui sont inférieures ou égales** :

$$R_{100}(x) = \frac{\text{Nombre de données inférieures ou égales à } x}{\text{Nombre total de données}} \times 100$$

Si ce nombre n'est pas un entier, on l'arrondit à l'unité supérieure.

Pour **déterminer une donnée x** dont le rang centile est connu :

1° On trouve le nombre de données qui sont inférieures ou égales à x en arrondissant à l'unité inférieure le résultat de :

$$\frac{\text{Rang centile}}{100} \times \text{Nombre de données}$$

2° On recherche dans la liste des données ordonnées celle qui occupe le rang trouvé, à partir du moins bon résultat.

1 Évalue mentalement ces expressions si $a = 8$ et $b = 4$.

a) $(a + b)^2$ **b)** $a^2 + b^2$ **c)** $a^2 - b^2$ **d)** $(a - b)^2$

2 Sachant que $(a - b)(a + b) = a^2 - b^2$, calcule mentalement :

a) 18×22 **b)** 27×33 **c)** 25×35 **d)** 39×41

3 Évalue mentalement ces expressions si $a = 12$ et $b = 8$.

a) $\dfrac{a + 2b}{2a + b}$ **b)** $\dfrac{a + b^2}{2a - b}$ **c)** $\dfrac{2a - 2b}{(a - b)^2}$ **d)** $\dfrac{2(a - b)^2}{2(a + b)^2}$

4 Estime la valeur de ces expressions.

a) $\dfrac{234 \times 609}{512}$ **b)** $\dfrac{234 \times 609}{512 \times 432}$ **c)** $\dfrac{8\,567 \times 532}{512 \times 8\,825}$ **d)** $\dfrac{39\,345 \times 2\,562}{408 \times 5\,225}$

5 Estime le résultat de ces opérations.

a) $\dfrac{1}{3} + \dfrac{4}{5}$ **b)** $\dfrac{12}{17} - \dfrac{14}{27}$ **c)** $\dfrac{34}{99} \times \dfrac{22}{36}$ **d)** $\dfrac{107}{99} \div \dfrac{27}{51}$

6 Dans chaque cas, détermine le minimum, le maximum, les quartiles, l'étendue et l'étendue interquartile des distributions.

a) Le nombre de points accumulés par les joueurs du Canadien de Montréal au cours des 30 premiers matchs de la saison :

> 40, 38, 35, 32, 30, 26, 25, 19, 16, 15, 14, 12, 12, 9, 8, 7, 4, 2, 0, 0, 0

b) Le montant des bourses gagnées par les 18 meilleures joueuses professionnelles de tennis pour les 10 premiers mois de 1996 :

Bourses des joueuses de tennis (en k$)	
3	26-26-42-43-51-61-77-84
4	12-96
5	41
6	02-43-48
7	62
10	66
14	44
21	27

c) Le diagramme de quartiles construit à partir de la distribution des notes à un examen d'anglais :

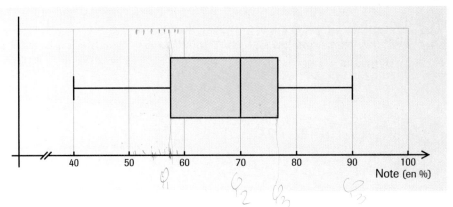

d) La compilation des retards à l'école la semaine dernière :

Retards à l'école

Nombre de retards	Nombre d'élèves
5	1
4	2
3	11
2	22
1	36

7 Des amis ont organisé un tournoi de golf. Voici les résultats de chacun des 40 participants, présentés sous la forme d'un diagramme à tige et feuilles :

Résultats d'un tournoi de golf

6	9
7	1-4-6-9
8	0-0-3-4-4-6-7-9
9	1-1-2-4-5-7-7-9-9
10	0-0-1-1-2-4-4-5-6-7-8
11	0-1-3-4-5-7
12	0

Le golf est un sport d'origine écossaise. Le premier club de golf a été fondé à Édimbourg, en 1744.

a) Trace le diagramme de quartiles de cette distribution.

b) Dans quel quart de la distribution les résultats sont-ils le plus regroupés?

c) Bruce est satisfait : il se classe mieux que 25 % des golfeurs. Quel a été son résultat au tournoi?

d) Des prix étaient remis aux joueurs du premier rang cinquième. Combien de coups fallait-il jouer pour gagner un prix?

8 Le diagramme de quartiles ci-contre représente les résultats d'un groupe d'élèves à un examen. Décris comment les résultats sont répartis dans la distribution.

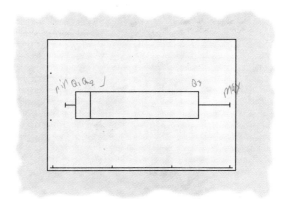

9 Parfois, les diagrammes de quartiles sont tracés verticalement. Voici un exemple montrant le nombre de coups de circuit frappés par les 80 meilleurs frappeurs des ligues nationale et américaine de baseball.

a) Détermine les quartiles, le minimum et le maximum de chaque distribution.

b) Laquelle des deux ligues est la meilleure du point de vue des coups de circuit?

c) Combien de joueurs ont frappé plus de 20 circuits dans chaque ligue?

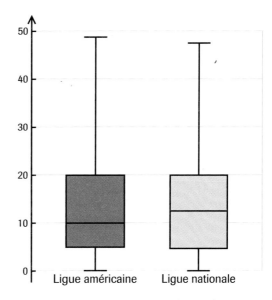

10 L'échelle de Richter sert à mesurer la magnitude des tremblements de terre.
À partir de la distribution des magnitudes des 17 tremblements de terre les plus violents survenus au Canada depuis le début du siècle, on a construit le diagramme de quartiles ci-dessous.

Magnitude à l'échelle de Richter	Effets du tremblement de terre
Moins de 3,5	Secousses enregistrées mais non ressenties
3,5 à 5,4	Secousses ressenties mais peu de dommages
5,5 à 6,0	Dommages légers aux immeubles
6,1 à 6,9	Possibilité de destruction de secteurs habités
7,0 à 7,9	Dommages graves
8,0 et plus	Destruction totale des localités avoisinantes

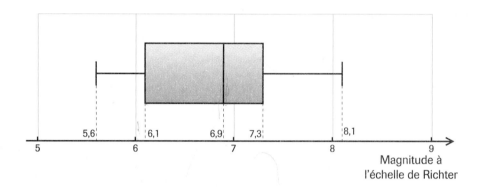

Magnitude à l'échelle de Richter

a) Le plus faible de ces tremblements de terre est survenu dans la région de Cornwall en 1944. Quelle était sa magnitude?

b) Le plus violent a eu lieu le 22 août 1949 au large des Îles de la Reine-Charlotte. Quelle était sa magnitude?

c) Indique si le graphique permet de tirer les conclusions suivantes :

1) Il y a eu huit tremblements de terre de magnitude 6,9 et plus au Canada depuis le début du siècle.

2) Le quart des tremblements de terre d'importance avaient une magnitude comprise entre 6,9 et 7,3 à l'échelle de Richter.

3) La moyenne des magnitudes des tremblements de terre est inférieure à 7,0.

4) Il y a eu autant de tremblements de terre de magnitude supérieure à 7,3 qu'il y en a eu de magnitude entre 6,1 et 6,9.

d) Le 25 novembre 1988, la région du Saguenay a subi un tremblement de terre de magnitude 6,0. Il a été ressenti à plus de 1 000 km à la ronde et a causé des dommages dans plusieurs villes du Québec. Peut-on considérer qu'il fut l'un des 10 plus violents tremblements de terre de notre histoire?

e) Quelle est l'étendue de cette distribution?

11 Les diagrammes de quartiles suivants représentent la distribution des masses des athlètes formant l'équipe de lutte gréco-romaine de l'école cette année et l'an passé.

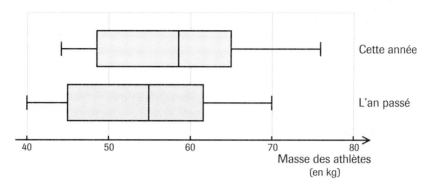

Cette année

L'an passé

40   50   60   70   80

Masse des athlètes
(en kg)

a) Analyse chacun de ces diagrammes et tires-en trois informations.

b) Compare les deux diagrammes et tire trois conclusions.

12 Voici la population et le nombre de mariages dans chaque province et territoire du Canada en 1995.

Province ou territoire	Population	Nombre de mariages	Province ou territoire	Population	Nombre de mariages
Terre-Neuve	579 500	3250	Manitoba	1 132 800	6 590
Île-du-Prince-Édouard	135 500	850	Saskatchewan	1 017 200	5 651
Nouvelle-Écosse	938 300	5 418	Alberta	2 726 900	18 158
Nouveau-Brunswick	760 600	4 187	Colombie-Britannique	3 719 400	24 211
Québec	7 300 000	24 832	Yukon	30 100	170
Ontario	11 004 800	67 032	Territoires du Nord-Ouest	65 000	246

a) En regard de la population, attribue un rang cinquième à chaque province ou territoire.

b) D'après toi, les mariages sont-ils proportionnels aux populations? Justifie ta réponse.

c) On considère l'ensemble des données obtenues en faisant le rapport «nombre de mariages/nombre d'habitants». Quelles provinces ou quels territoires ont un rang centile supérieur ou égal à 80?

Par tradition, en Occident la mariée porte une robe blanche et en Asie, une robe rouge.

13 Pour préparer ses élèves à un examen provincial, une enseignante les soumet à l'examen de l'année précédente. Ex æquo avec un autre élève, Isabelle se classe 21e sur 88 élèves, avec un résultat de 71 %.

a) Quel est son rang centile dans ce groupe?

b) L'an dernier, lorsque l'examen avait été administré à toute la province, un résultat de 71 % correspondait à un rang centile de 74. Isabelle s'est-elle mieux classée dans son groupe cette année que si elle avait fait partie du groupe provincial l'an passé?

14 LA PLACE DU QUÉBEC

Parmi les 60 états américains et provinces canadiennes, le Québec, avec une population de plus de 7 000 000 de personnes, se classe au 11ᵉ rang quant au nombre d'habitants. La région métropolitaine de Montréal, avec une population de 3 215 000, est la 12ᵉ plus populeuse des métropoles nord-américaines.

Centre-vill de Montré à la tombe du jour.

a) Quel est le rang centile du Québec dans cette distribution?

b) Le rang centile de Montréal est 75. Combien de régions métropolitaines faisaient partie de l'ensemble considéré?

15 LE DEGRÉ DE SCOLARISATION

Voici la distribution de la population canadienne, en pourcentage, selon le niveau de scolarité.

a) Quel est le rang centile d'un élève qui vient de terminer sa cinquième année secondaire?

b) Quel est le niveau de scolarité des personnes qui ont un rang centile supérieur à 87?

Niveau de scolarité de la population

Niveau de scolarité	Pourcentage de la population
Primaire	13,0
Secondaire, premier cycle	20,6
Secondaire, deuxième cycle	19,9
Collégial	33,3
Universitaire	13,2

16 À QUI LA FAUTE?

En 1974, le gouvernement du Québec et l'UPA parvenaient à une entente pour fixer le prix de certains produits alimentaires afin d'éliminer les surplus et de stabiliser les revenus des producteurs et productrices. Cette politique fait que, quelque 20 ans plus tard, le prix de production est beaucoup plus élevé au Québec qu'aux États-Unis. Voici quelques données révélatrices :

Prix de production (1991)

Produit	Québec	États-Unis
Lait de consommation	54,41 $/hl	31,96 $/hl
Lait de transformation	48,55 $/hl	28,90 $/hl
Poulet à griller	1,15 $/kg	0,78 $/kg
Dindon	1,38 $/kg	1,04 $/kg

Source : *Magazine Les Affaires,* juin 1992, p. 22.

UPA est le sigle de «Union des producteurs agricoles».

a) Est-il sensé de parler de moyenne pour l'ensemble des catégories? Justifie ta réponse.

b) Peut-on fabriquer un diagramme de quartiles avec ces données?

c) Quelle caractéristique doivent avoir des données pour que puissent s'appliquer les mesures de dispersion ou de position?

D'ÉVALUATION 10

1. LA SÉLECTION

Un comité de sélection a rencontré 14 candidats et candidates pour combler des postes d'instructeurs et instructrices en conduite automobile. Après divers tests et une entrevue, on les a classés selon un système de pointage ayant comme maximum 80. Voici les résultats obtenus :

50, 51, 52, 58, 59, 60, 63, 63, 64, 68, 69, 75, 76, 77

a) Ceux et celles dont le rang cinquième est 1 ont été engagés. Quels résultats avaient-ils obtenus?

b) Quel est le rang cinquième attribué à la note 64?

c) Construis le diagramme de quartiles pour cette distribution.

d) Entre quels quartiles les données sont-elles le plus concentrées?

2. LES CONCOURS DE MATHÉMATIQUE

Paki est une championne en mathématique. Elle a participé au concours Putnam qui regroupe 6 000 étudiants et étudiantes universitaires de toute l'Amérique. Elle s'est classée 1 200e. Son petit frère a participé au concours de l'Association mathématique du Québec; il s'est classé 50e sur 300 candidats et candidates inscrits.

a) Calcule le rang centile de chacun.

b) Lequel a fait meilleure figure à l'intérieur de son groupe?

c) Au concours Putnam, à quel rang a terminé quelqu'un qui a 40 comme rang centile?

3. LA PÊCHE À LA ROUSSETTE

La roussette est un des plus petits requins du Canada. On pêche ce poisson sur les côtes de la Colombie-Britannique. Des zoologistes se sont intéressés à l'espèce. On a relevé la taille de 30 prises lors d'une excursion de pêche. Voici ces tailles en centimètres :

38, 42, 69, 43, 44, 62, 72, 45, 56, 80, 45, 67, 78, 45, 34,
56, 80, 76, 66, 58, 67, 76, 73, 56, 45, 48, 68, 45, 84, 69

a) Quelle est l'étendue de ces données?

b) Calcule l'écart interquartile.

c) Donne quelques informations à propos de la concentration des données de cette distribution.

d) Quels sont les rangs centiles des données suivantes?

1) 45   2) 67

e) Quelle donnée a le rang centile :

1) 66?   2) 90?

4. LE TEST DE FRANÇAIS

Les diagrammes de quartiles suivants représentent les résultats de deux groupes d'élèves lors d'un test de français. Les deux groupes comprennent 28 élèves chacun.

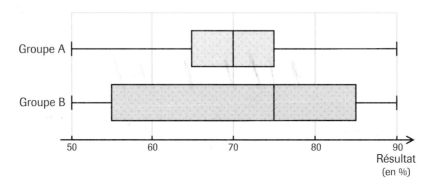

a) Dans quel groupe y a-t-il le plus grand nombre d'élèves dont le résultat est supérieur à 80 %?

b) Dans quel groupe un résultat de 80 % aura-t-il le rang centile le plus élevé?

c) Quel est le rapport entre le nombre de résultats supérieurs à 75 % dans le groupe A et dans le groupe B?

d) Dans quel quart du groupe B les données sont-elles le plus dispersées?

e) La note de passage était de 60 %. Dans quel groupe y a-t-il eu le plus d'échecs?

5. LES MONTAGNES DU MONDE

Voici les hauteurs en mètres des plus hautes montagnes du monde.

5895, 5951, 6194, 6768, 6959, 7495, 7780, ..., 8078, 8126, 8598, 8846, 8858

25 données

a) Quel rang centile occupe le mont McKinley, en Alaska, avec ses 6194 m?

b) Quelle est la hauteur du mont qui a un rang centile de :

1) 14?   2) 92?

Le mont McKinley.

Sujet 5 L'INTERPRÉTATION DES DONNÉES

TABLEAUX DE DISTRIBUTION
GRAPHIQUES
MESURES DE TENDANCE CENTRALE
MESURES DE DISPERSION
MESURES DE POSITION

Il ne sert à rien de recueillir des données si l'on ne sait pas les interpréter, «les faire parler». On connaît maintenant différents outils statistiques qui nous permettent d'atteindre cet objectif. Faisons la synthèse de ces outils.

TABLEAUX DE DISTRIBUTION

Les météorites

Le Meteor Crater, dans l'Arizona, est le plus grand cratère météoritique connu. Découvert en 1891, il a 1200 m de diamètre et 180 m de profondeur.

On estime qu'il tombe chaque année sur la Terre près de 200 000 météorites, représentant environ 10 000 t de matière cosmique.

Dans le tableau ci-contre, on présente la liste des plus grosses météorites découvertes sur la Terre.

Il existe différents types de tableaux de distribution. Ce sont les tableaux :

– valeur-quantité;

– valeur-effectif à données condensées;

– valeur-effectif à données regroupées en classes.

a) De quel type est le tableau de distribution ci-contre ?

Chute de météorites

Valeur (lieu)	Quantité (masse en t)
Afrique du Sud	60
Groenland	36
Chine	30
Mexique	27
Tanzanie	25
Mongolie	20
Groenland	17
Oregon (É.-U.)	15
Mexique	14
Argentine	13,6
Australie	12
Mexique	11

b) En te référant à la première distribution, complète le tableau ci-contre dans lequel apparaissent le nom du continent et le nombre de météorites découvertes dont la masse est supérieure ou égale à 11 t.

c) Donne deux informations tirées de cette distribution.

Météorites et continents

Valeur	Effectif
Afrique	■
Amérique du Nord	■
Amérique du Sud	■
Antarctique	■
Asie	■
Europe	■
Océanie	■

Le plus grand cratère lunaire (Bailly) a un diamètre de 270 km; le plus profond (Newton) est de 7250 m.

Les météorites tombent également sur la Lune. Des scientifiques ont répertorié le nombre et la dimension des cratères lunaires sur 10 000 km². Le tableau ci-contre fait état de leurs résultats.

d) Donne deux informations tirées de cette distribution.

Dimension des cratères lunaires

Valeur (diamètre en km)	Effectif
[0, 10[	85
[10, 20[	42
[20, 30[	10
[30, 40[	8
[40, 50[	1

Les **tableaux de distribution** sont des éléments importants dans la présentation et l'interprétation des données. La façon d'organiser et de présenter des données permet de faire ressortir un certain nombre d'informations.

GRAPHIQUES

Les volcans

La distribution des volcans actifs à travers le monde est présentée dans le tableau ci-contre.

L'éruption du volcan Kilauea (Hawaii), commencée en 1983, se poursuit sans signe de faiblesse après avoir émis plus de 1 km³ de lave!

Volcans actifs du monde

Continent	Effectif
Afrique	8
Amérique du Nord	12
Amérique du Sud	16
Antarctique	8
Asie	29
Europe	3
Océanie	13

On a illustré cette distribution à l'aide de deux graphiques de types différents; ils sont présentés ci-dessous.

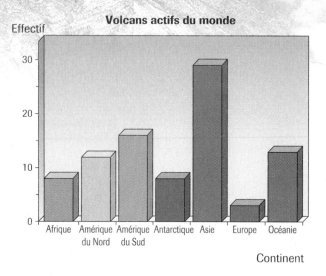

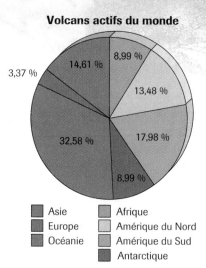

a) De quel type est chaque graphique?

b) Quels éléments d'information le premier graphique met-il en évidence?

c) Quels éléments d'information le second graphique met-il en évidence?

Ces deux graphiques se rapportent aux mêmes données. Cependant, chacun en fait ressortir un aspect différent. Le premier met l'accent sur le nombre de volcans actifs, tandis que le second souligne l'importance relative du nombre de ces volcans selon le continent. Pour construire le premier, on n'a pas à connaître toutes les données; pour le second, cette connaissance est essentielle puisqu'on y évalue l'importance des parties par rapport au tout.

L'eau de mer

L'eau de mer est salée. Elle contient environ 35 g de sel par kilogramme d'eau. Sa température n'est pas la même partout sur le globe, et elle varie selon la profondeur. Dans le graphique ci-dessous sont présentées quelques données relatives à l'océan Atlantique.

a) Qu'est-ce qui ressort particulièrement de ce graphique?

b) De quel type de graphique s'agit-il?

c) Peut-on attribuer une signification aux points situés sur les segments de chaque ligne brisée?

Ce type de graphique est principalement utilisé lorsque l'on veut montrer la continuité d'un phénomène ou la relation entre deux variables. Il transmet de l'information continue et permet de faire des comparaisons de situations analogues.

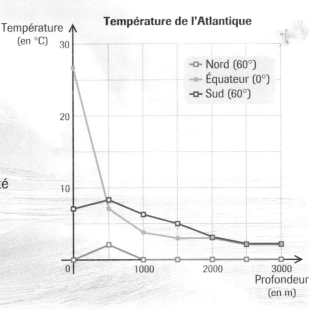

L'océan Atlantique couvre environ 20 % de la surface de la Terre.

La population du Canada

Durant la dernière décennie, le Canada a accueilli entre 200 000 et 300 000 immigrants et immigrantes par année.

Voici un graphique illustrant le nombre de personnes par groupe d'âge au Canada en juillet 1994.

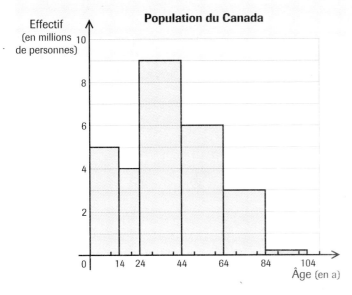

a) Pourquoi l'effectif de la classe [14, 24[est-il inférieur à celui de la classe précédente?

b) Quelle est la classe modale?

c) De quel type est ce graphique?

d) Qu'est-ce qui le distingue d'un diagramme à bandes verticales?

Ce type de graphique est celui qu'on utilise le plus souvent pour représenter des données regroupées en classes. Les données peuvent prendre n'importe quelle valeur de la classe.

Le Canada est l'un des pays où la population est la moins dense, soit 3 personnes par kilomètre carré.

Le règne des papes

Depuis saint Pierre, 262 papes se sont succédé à la tête de l'Église catholique romaine. À cette liste, il convient d'ajouter ceux qu'on appelle les antipapes, les papes élus irrégulièrement et dont la légitimité n'a pas été reconnue par l'Église; ceux-ci furent particulièrement actifs à l'époque du grand schisme d'Occident, de 1378 à 1417. Depuis 1418, 59 papes ont régné.

Le graphique ci-contre montre la durée du règne de ces 59 papes.

Durée du règne des 59 papes (en a)

0	0-0-0-0-0-1-1-1-1-2-2-2-3-3-4
0	5-5-5-5-5-6-6-6-6-6-6-7-7-8-8-8-8-9
1	0-0-1-1-1-1-1-2-3-3-3-3-4
1	5-5-5-6-6-7-8-9
2	1-1-3-4-5
3	2

a) Quel nom donne-t-on à ce type de graphique?

b) Quelle est la durée moyenne du règne d'un pape?

c) Quelle est la médiane de cette distribution?

d) Quelle est l'étendue de cette distribution?

Ce type de graphique est principalement utilisé dans les distributions à données peu nombreuses, regroupées en classes dont les longueurs correspondent aux positions du système décimal : centièmes, dixièmes, unités, centaines…

Ce type de graphique ressemble à un diagramme à bandes horizontales formées de chiffres. Il permet de voir assez rapidement la médiane, d'évaluer la moyenne et de trouver le mode ou la classe modale. Il permet de comparer facilement deux distributions analogues. En plus d'être en relation très étroite avec les mesures de tendance centrale, il permet de conserver les données.

Les **graphiques** constituent des éléments importants dans l'illustration et l'interprétation des données d'une distribution. Les principaux sont :

- le diagramme à bandes (horizontales ou verticales);
- le diagramme à ligne brisée;
- le diagramme circulaire;
- l'histogramme;
- le diagramme à tige et feuilles;
- le diagramme de quartiles.

Karol Wojtyla, régnant sous le nom de Jean-Paul II, a été élu pape le 16 octobre 1978.

MESURES DE TENDANCE CENTRALE

Le jeu de bridge

Le bridge est un jeu de cartes très répandu sur la planète. De nombreux clubs existent et des tournois locaux, nationaux et internationaux sont organisés dans le monde entier. Certains grands hôtels disposent de salles réservées aux joueurs et joueuses de bridge.

Ce jeu se joue à quatre. Les valets valent 1 point, les dames 2, les rois 3 et les as 4 points. Une main peut avoir de 0 à 37 points. Voici la distribution du nombre de points des 25 mains jouées par Carmena lors d'une soirée de bridge.

Nombre de points par main

Points	Effectif
[0, 4[	2
[4, 8[	4
[8, 12[	8
[12, 16[	7
[16, 20[	3
[20, 24[	1

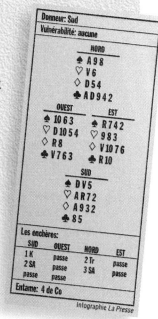

Infographie La Presse

a) Quelle a été sa moyenne de points par main ?

b) Comment peut-on calculer la moyenne d'une distribution de données :

1) non regroupées ?   2) regroupées en classes ?

c) Quelle est la classe médiane ?

d) Calcule la médiane de cette distribution, sachant qu'elle est approximativement égale à la limite inférieure de la classe médiane augmentée d'une fraction de l'étendue de cette classe. Cette fraction provient du rang de la médiane dans sa classe sur l'effectif de cette classe.

e) Quelle est la classe modale de cette distribution ?

f) Que faudrait-il connaître pour déterminer le mode de cette distribution ?

La moyenne, la médiane et le mode sont trois mesures de tendance centrale. On les calcule comme suit selon le type de distribution :

Type Mesure	Distribution à données condensées	Distribution à données regroupées en classes
Moyenne ($\bar{x}$)	$\dfrac{\text{Sommes des données}}{\text{Effectif de la distribution}}$	$\dfrac{\text{Somme des produits du milieu des classes par leur effectif}}{\text{Effectif de la distribution}}$
Médiane (Méd)	Donnée du centre de la distribution	$\approx$ Limite inférieure de la classe médiane + Fraction $\times$ (Étendue de la classe médiane)
Mode (Mo)	Donnée la plus fréquente	Classe avec le plus grand effectif

Chacune de ces mesures peut être plus ou moins significative selon la situation. Ainsi, on préférera la médiane à la moyenne lorsqu'il y a des données aberrantes. Le mode sera préféré aux autres mesures lorsque ces dernières ne sont pas pertinentes. Il s'agit souvent d'une question de «gros bon sens». La **moyenne,** la **médiane** et le **mode** constituent des caractéristiques importantes d'une distribution.

Les industries relatives au transport

Après une longue récession, l'industrie du transport connaît généralement une hausse fulgurante.

a) Quelles raisons peuvent expliquer une telle hausse?

Voici le nombre d'employés et employées des 32 plus grosses industries fabriquant de l'équipement et du matériel de transport en 1996 au Québec :

> 43 635, 12 300, 6322, 3200, 2000, 1800, 1700, 1634, 1363, 1200, 1162, 1073, 950, 947, 678, 670, 665, 596, 590, 530, 463, 430, 415, 412, 400, 394, 360, 350, 301, 255, 240, 235

b) Quelle est l'étendue de cette distribution?

c) Peut-on dire qu'il existe dans cette distribution des données qu'on pourrait qualifier d'aberrantes par rapport aux autres? Si oui, quelles sont-elles?

d) Voici le diagramme de quartiles de cette distribution, abstraction faite des deux plus grandes données :

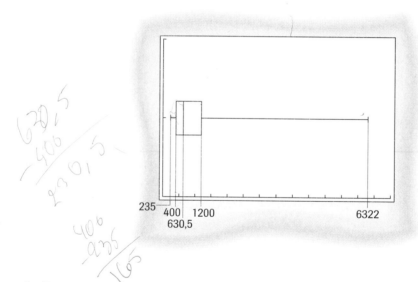

1) Dans quels quarts les données sont-elles le plus concentrées?

2) Dans quels quarts les données sont-elles le plus dispersées?

e) Dans cette situation, laquelle, de la médiane ou de la moyenne, est la mesure la plus représentative du nombre d'employés et employées des industries relatives au transport?

L'**étendue** et la **concentration** des données sont deux autres caractéristiques importantes d'une distribution.

La métallurgie au Québec

L'industrie métallurgique est loin d'être une part négligeable du secteur manufacturier au Québec.

Dans le tableau ci-contre se trouve la liste des douze plus grandes industries métallurgiques du Québec et leur classement parmi les 500 plus grandes industries de tous genres du Québec.

Industries métallurgiques

Industrie	Classement
Alcan	10
Noranda	17
Reynolds	34
Sidbec-Dosco	48
QIT-Fer et Titane inc.	65
Ivaco	85
Aluminerie Bécancour	121
Stelco	217
Sammi-Atlas	219
Aluminerie Alouette	226
Norsk Hydro	346
Forges de Sorel	433

a) Quels sont les principaux métaux qui sont traités au Québec?

b) L'Alcan se classe première parmi les industries métallurgiques du Québec et dixième parmi les 500 plus grandes industries de tous genres du Québec. Quel est le rang cinquième de l'Alcan dans la distribution :

1) des industries métallurgiques?

2) des 500 grandes industries du Québec?

c) André, acheteur à la QIT-Fer et Titane inc. de Sorel, s'interroge sur le rang centile de sa compagnie dans chacune des distributions. Quel est le rang centile de QIT-Fer et Titane inc. dans la distribution :

1) des industries métallurgiques?   2) des 500 grandes industries du Québec?

L'usine QUIT-Fer et Titane inc., à Sorel, transforme l'ilménite (minerai noir) en un pigment blanc de bioxide de titane.

Les **rangs cinquièmes** et les **rangs centiles** sont des mesures qui permettent de positionner des données dans une distribution. Elles constituent des mesures importantes permettant d'interpréter, de comparer ou de tirer des conclusions à propos des données.

INVESTISSEMENT 8 ▶ ▶ ▶ ▶ ▶ ▶

1. Voici les résultats de deux groupes-classes à un examen de biologie :

Groupe A

54	64	96	76	66
52	56	58	62	47
58	59	73	59	56
44	66	60	53	52
72	64	76	77	66
74	74	63		

Groupe B

68	62	51	67	72
79	60	71	78	50
85	82	76	58	84
88	72	63	50	57
92	52	49	47	62
66				

a) Construis le diagramme qui permet de comparer ces deux séries de résultats tout en conservant les données.

b) Quel diagramme permettrait d'analyser la dispersion de ces données?

c) Quelle mesure de tendance centrale permettrait de bien évaluer le rendement de chaque groupe-classe?

d) Quelle mesure permettrait de juger, dans chaque distribution, si 66 est un bon résultat?

2. Le comité du bal de cinquième secondaire a demandé à tous les finissants et finissantes quel montant ils trouveraient raisonnable de payer pour les billets d'entrée du bal de fin d'année. Les choix possibles sont donnés ci-contre.

Quelque 175 personnes ont donné leur avis.

a) Quel graphique conviendrait pour présenter les résultats de ce sondage dans le journal étudiant?

b) Laquelle des mesures suivantes représente le mieux le choix des élèves : la moyenne, la médiane ou le mode?

c) Voici la distribution des données recueillies, et le diagramme de quartiles correspondant.

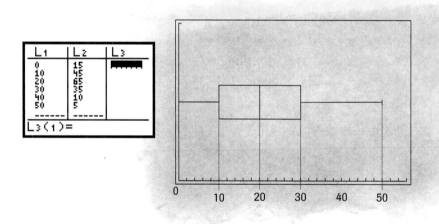

Qu'est-ce qui peut faire dire que la majorité des réponses étaient inférieures ou égales à 20 $?

d) Quelle décision le comité devrait-il prendre?

3. Lors d'une journée de pluie, les moniteurs et monitrices d'un camp de vacances organisent un grand nombre d'activités et de concours d'adresse. Les enfants accumulent des points et, à la fin de la journée, on détermine la ou le grand gagnant. Voici les résultats obtenus par les enfants :

17, 18, 18, 19, 21, 22, 22, 24, 27, 30, 35, 40, 43, 45, 46, 46, 49, 50, 54, 56, 62, 63, 64, 64, 67, 69

a) Quel type de distribution pourrait-on utiliser pour présenter ces données?

b) Quelle mesure de tendance centrale serait-il intéressant de faire ressortir dans cette situation? Pourquoi?

c) Quels éléments d'information pourrait fournir un diagramme de quartiles dans cette situation? Justifie ta réponse.

d) On nous informe que le rang cinquième de 50 est 2. Peut-on dire que l'enfant qui a obtenu ce score a bien réussi par rapport au groupe?

4. Les membres d'un club de course à pied examinent leurs performances lors du demi-marathon tenu dimanche dernier. Voici les temps réalisés par les participants.

Temps du demi-marathon (en min)

Élite		Participation
5	8	
8-4-3-1-0	9	
9-7-5-5-2-1-1	10	
9-6-5-1	11	2
2	12	0-3-4-5-7
	13	0-4-4-5-5-5-6-6-7-8-9
	14	2-3-7-8
	15	0-4-7-9
	16	3-6
5	17	2

a) Quel est le temps moyen pris par les coureurs de la catégorie «participation»?

b) Dans quelle catégorie y avait-il un peloton?

c) Quelle mesure correspond à la différence entre la première et la dernière donnée dans chaque catégorie?

d) Dans quelle catégorie peut-on parler d'une concentration de données entre le premier quartile et la médiane?

e) Quelle mesure correspond au moment où les trois quarts des coureurs de la catégorie «participation» avaient terminé la course?

f) Jacques fait partie de la catégorie «élite»; il a réussi un temps de 93 min. Pascal court dans la catégorie «participation»; il a pris 138 min pour effectuer le parcours. Lequel a fait meilleure figure dans sa catégorie?

5. Nicole est une adepte du saut en hauteur. Elle suit présentement un programme d'entraînement très sévère. Sa monitrice a noté la hauteur, en centimètres, des sauts de Nicole avant et après son programme :

Les spécialistes du saut en hauteur sont généralement de haute taille. La détente, primordiale, exige une puissante musculature et une grande souplesse.

Avant : 150, 152, 155, 159, 162, 153, 152, 146, 155, 149, 153, 161, 144, 149, 155, 146
Après : 165, 170, 166, 164, 166, 168, 172, 177, 173, 168, 174, 169, 173, 175, 178, 179

En utilisant les outils statistiques de ton choix, interprète ces données.

6. Voici quatre diagrammes à bandes, quatre diagrammes de quartiles dans un même graphique, et quatre affirmations reliés aux résultats de quatre groupes d'élèves lors d'un test. À chaque diagramme à bandes associe un diagramme de quartiles et une affirmation.

a)

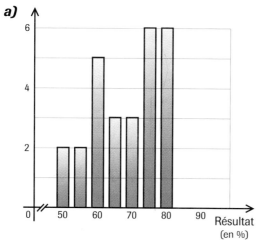

b)

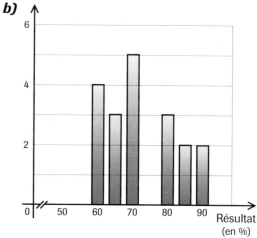

c)

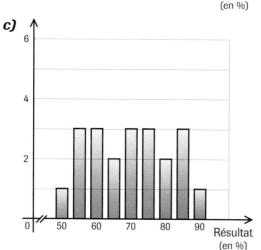

d)

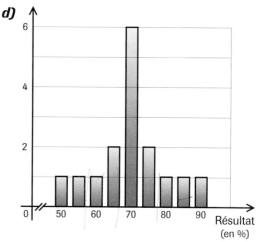

Affirmations

1) Tous les élèves ont obtenu au moins 60 %.

2) Personne n'a obtenu plus de 80 %.

3) La moitié des résultats sont situés entre 65 % et 75 %.

4) Un quart des élèves ont obtenu moins de 60 %; un quart des élèves ont obtenu plus de 80 %.

Diagrammes de quartiles

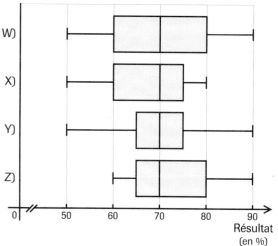

7. Un sondage a été réalisé auprès de 100 hommes et 100 femmes sur le temps qu'ils consacrent chaque jour à la lecture. Le diagramme de quartiles ci-dessous présente les résultats obtenus.

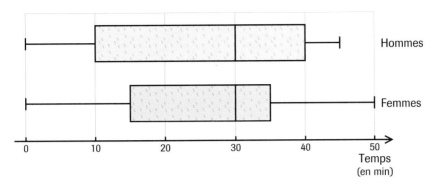

Voici une série d'affirmations. Détermine lesquelles sont vraies et lesquelles sont fausses (il est possible que le diagramme ne permette pas de tirer de conclusion sur certaines affirmations).

1) Il y a des hommes et des femmes qui ne lisent pas.

2) Les hommes lisent en moyenne 30 min par jour.

3) Environ 25 % des hommes lisent 10 min ou moins par jour.

4) La moitié des hommes et des femmes lisent au moins 30 min par jour.

5) Les femmes lisent plus que les hommes.

6) Il y a une plus forte concentration de femmes que d'hommes qui lisent de 30 min à 35 min par jour.

8. Un élève a fait un sondage pour connaître le nombre de films que les gens de sa région regardent en moyenne par mois. Les résultats obtenus sont présentés dans le tableau ci-contre.

Tire le plus d'informations possible de cette distribution.

Visionnement mensuel	
Nombre de films	Effectif
0	22
1	13
2	20
3	27
4	18
5	10
6	7
7	2
8	1

9. L'épilepsie est le désordre neurologique le plus répandu dans le monde après les maux de tête : elle affecte entre 0,5 et 2 % de la population selon les pays. Au Québec, on dépiste 3 000 nouveaux cas chaque année. Le tableau ci-dessous présente la distribution hypothétique de ces nouveaux cas, selon le groupe d'âge.

Cas d'épilepsie

Groupe d'âge	Effectif
[0, 6[	1060
[6, 12[	684
[12, 18[	256
[18, 24[	140
[24, 30[	64
[30, 36[	34
[36, 42[	28
[42, 48[	26
[48, 54[	50
[54, 60[	122
[60, 66[	186
[66, +[	350

a) Interprète ces données en utilisant les outils statistiques appropriés.

b) Compare le groupe des moins de 18 ans à celui des plus de 18 ans du point de vue :

1) du nombre ;

2) de la concentration des données.

10. Voici les données correspondant au compte d'électricité d'une abonnée pour les 12 derniers mois. Les données sont regroupées par périodes de 60 jours :

226,48 $, 239,68 $, 789,10 $, 683,94 $, 490,63 $, 286,37 $

Donne au moins six éléments d'information d'ordre statistique à propos de ces données.

FORUM

Pour chacun des renseignements suivants, tirez quelques conclusions :

1) L'étendue interquartile est beaucoup plus grande que la moitié de l'étendue.

2) La médiane est beaucoup plus près de Q_1 que de Q_3.

3) La tige de droite du diagramme de quartiles est beaucoup plus longue que celle de gauche.

4) Un résultat égal à la moyenne se situe dans le deuxième rang cinquième.

▶ ▶ ▶ Math Express 11 ▶ ▶ ▶

Pour étudier les données recueillies lors de sondages, d'enquêtes ou de recensements, il existe différents outils statistiques. Voici sommairement ceux dont nous avons parlé jusqu'à maintenant :

- les **tableaux de distribution,** qui sont de trois types :
  - valeur-quantité;
  - valeur-effectif à données condensées;
  - valeur-effectif à données regroupées en classes;

- les **graphiques,** dont les plus utilisés sont :
  - le diagramme à bandes horizontales ou verticales;
  - le diagramme à ligne brisée;
  - le diagramme circulaire;
  - l'histogramme;
  - le diagramme à tige et feuilles;
  - le diagramme de quartiles;

- les **mesures de tendance centrale,** qui comprennent :
  - la moyenne;
  - la médiane;
  - le mode;

- les **mesures de dispersion,** qui comprennent entre autres :
  - l'étendue de la distribution;
  - l'étendue interquartile;
  - l'étendue des quarts;

- les **mesures de position :**
  - les quartiles;
  - le rang cinquième;
  - le rang centile.

Ces outils statistiques nous aident à interpréter les données d'une distribution et, ainsi, à en tirer le plus d'informations possible. Soulignons par ailleurs que, dans tous les cas, il faut tenir compte du **contexte. La connaissance de la situation** et le **jugement** restent d'une importance capitale pour **interpréter correctement** des données.

1 Calcule mentalement à l'aide d'une stratégie appropriée.

    a) $0{,}25 \times 0{,}25$ **b)** $\frac{9}{8} \div \frac{3}{8}$

    c) $412\ \%$ de 25 **d)** 28×32

    e) $5^6 \div 25 = 5^{\blacksquare}$ **f)** $0{,}25 \div 4^{-1} = 4^{\blacksquare}$

2 Exprime ces notations scientifiques en notations standard.

    a) $2{,}83 \times 10^3$ **b)** $1{,}45 \times 10^{-2}$ **c)** $1{,}75 \times 10^6$ **d)** $1{,}234 \times 10^{-1}$

3 Transforme mentalement chaque mesure donnée en une mesure équivalente, de l'unité donnée.

    a) 24 cm $= \blacksquare$ dm   **b)** $24{,}5$ kg $= \blacksquare$ cg   **c)** 3500 Pa $= \blacksquare$ kPa   **d)** $3{,}5$ dm³ $= \blacksquare$ ml

4 Estime la mesure de l'hypoténuse d'un triangle rectangle dont les mesures des cathètes, en centimètres, sont les suivantes :

    a) 10 et 15   **b)** 18 et 40   **c)** 29 et 29   **d)** 1 et 40

5 Dans une vie de 70 ans, estime le temps passé :

    a) à dormir ;   **b)** à manger ;

    c) à se laver ;   **d)** à aller aux toilettes ;

    e) à regarder la télé ;   **f)** à pratiquer un sport ;

    g) à parler au téléphone ;   **h)** à étudier ou lire.

6 Julie et Louis ont pêché la truite toute la journée et ils ont tous les deux atteint leur quota de prises. Pour comparer leurs poissons, ils les mesurent et notent leur longueur. Voici le diagramme de quartiles de ces deux distributions.

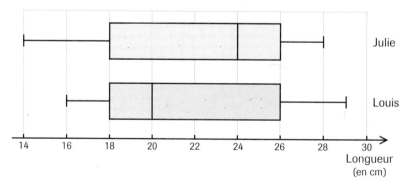

La pêche à mouche, un méthode ancienne qu remonte à environ six siècles, con aujourd'hu spectacula regain de popularité.

    a) Qui a pris le poisson le plus long ?

    b) En général, lequel a pris les poissons les plus longs ?

    c) Lequel a pris le plus de poissons de moins de 18 cm ?

d) Lequel a pris le plus petit poisson?

e) Lequel a fait la meilleure pêche? Justifie ta réponse.

f) La longueur moyenne des poissons de Julie est-elle nécessairement plus grande que celle des poissons de Louis?

7 La gérante d'un complexe de cinéma veut comparer les assistances aux représentations de deux films à l'affiche dans deux salles différentes au cours de la dernière semaine. L'ordinateur lui a fourni les diagrammes de quartiles suivants :

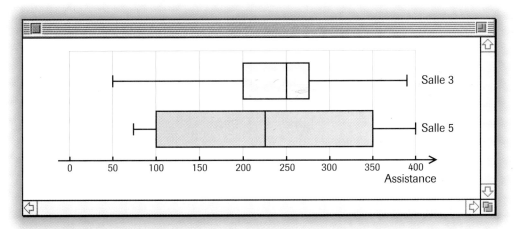

a) Une séance est plutôt satisfaisante s'il y a au moins 200 personnes présentes. Laquelle des salles a compté le plus de séances plutôt satisfaisantes lors de la semaine étudiée?

b) Une séance est très satisfaisante si l'assistance est de plus de 300 personnes. Laquelle des salles a compté le plus de séances très satisfaisantes cette semaine-là?

c) Dans laquelle des salles l'assistance est-elle la plus régulière?

8 Un journal de consommateurs a reçu une plainte d'un de ses lecteurs. Ce dernier prétend que les pompes à essence de la compagnie ABC ne distribuent pas la quantité d'essence qu'elles affichent au compteur. Un journaliste est chargé de mener une enquête.
Il demande exactement 20 l d'essence chez 30 détaillants de la compagnie ABC et aussi chez 30 détaillants d'une autre compagnie. Il mesure ensuite la quantité d'essence qu'il a réellement obtenue. Les résultats sont représentés à l'aide des diagrammes de quartiles suivants :

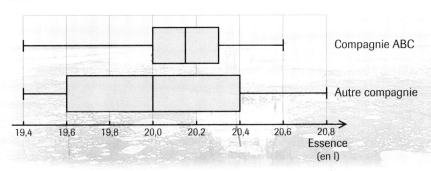

Les plateformes de forage servent à exploiter les gisements pétrolifères sous-marins.

a) Trouve un titre pour l'article que le journaliste rédigera.

b) Quelle compagnie possède les pompes les plus précises?

c) Avec quelle compagnie les consommateurs et consommatrices en ont-ils le plus pour leur argent?

d) Quel pourcentage des pompes de l'autre compagnie commettent une erreur supérieure à 2 %?

e) Donne deux autres conclusions que l'on peut tirer de la comparaison de ces diagrammes.

9 Dans une galerie d'art, deux peintres amateurs présentent leurs œuvres au public et offrent leurs toiles à des prix variant selon le format et le sujet.

Voici les prix demandés pour les œuvres de Delisle : 850 $, 950 $, 975 $, 1 000 $, 1 000 $, 1 150 $, 1 150 $, 1 175 $, 1 225 $, 1 350 $, 1 350 $, 1 375 $, 1 400 $, 1 800 $, 1 825 $, 1 850 $, 1 900 $.

Périgny étiquette les prix suivants à ses toiles : 850 $, 850 $, 875 $, 900 $, 1 000 $, 1 000 $, 1 000 $, 1 050 $, 1 150 $, 1 250 $, 1 250 $, 1 275 $, 1 300 $, 1 400 $, 1 450 $, 1 500 $, 1 900 $.

a) Sur un même graphique, trace les diagrammes de quartiles représentant ces deux distributions.

b) Que peut-on constater?

c) Peut-on supposer que les moyennes seront égales?

d) Calcule la moyenne de chacune des distributions.

e) Peut-on expliquer ce résultat en examinant la valeur des données dans chacun des quarts des distributions?

f) À la lumière des réponses précédentes, les toiles de quel peintre sont les plus chères?

10 Une marchande de cadeaux de la rue du Trésor retire le rouleau d'enregistrement de sa caisse à la fin d'une journée. Voici la liste des données de ses ventes.

a) Interprète ces données.

b) Si cette journée est très représentative des 90 jours de la saison touristique, quel est le chiffre d'affaires de ce commerce?

45,60 $
32,98 $
67,19 $
25,65 $
15,67 $
19,67 $
27,84 $
8,56 $
58,45 $
46,24 $
109,56 $
48,39 $
12,45 $
8,95 $
23,76 $
34,12 $
15,62 $
3,45 $
33,12 $
3,49 $

11 En consultant le classement des joueurs et joueuses de badminton présenté sur le réseau Internet à l'automne 1996, on a obtenu les informations suivantes :

- Denyse Julien est classée 51e au monde et 1re au Canada ;
- Iain Sadie, 1er au Canada, est classé 40e au monde ;
- Marco Desjardins est 3e au classement québécois et 4e au classement canadien ;
- Robyn Hermitage est 10e au Canada et 1re au Québec ;
- Jean-Philippe Goyette est 2e au Québec et 13e au Canada.

a) Quel renseignement manque-t-il pour que l'on puisse attribuer des rangs cinquièmes et centiles à ces athlètes aux différents niveaux de compétition ?

b) Sachant qu'il y a 320 hommes et 276 femmes au classement mondial, 125 hommes et 100 femmes au classement canadien et 54 hommes et 45 femmes au classement québécois, calcule le rang centile de chacun et chacune dans les différents classements.

12 Les membres d'un club de ski de fond inscrivent le nombre de kilomètres qu'ils ont parcourus durant les randonnées qu'ils ont effectuées. Après quelques semaines, le secrétaire du club affiche les renseignements suivants :

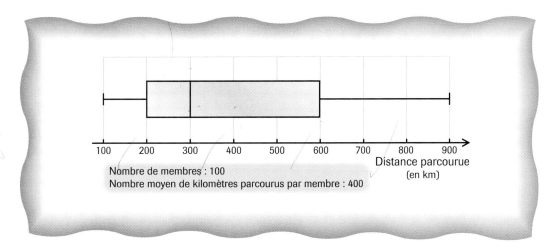

Nombre de membres : 100
Nombre moyen de kilomètres parcourus par membre : 400

a) Combien de membres ont parcouru moins de 200 km ?

b) La moyenne est-elle plus grande ou plus petite que la médiane, ou est-elle égale à celle-ci ? Explique comment cela est possible.

c) Quel pourcentage des membres ont parcouru au moins 600 km ?

d) Comment peut-on évaluer, par rapport au groupe, un membre qui a parcouru 395 km ?

Ski de fond au parc Maisonneuve.

13

Pratique d'activités physiques

Temps (en min)	Effectif
[0, 30[	172
[30, 60[	150
[60, 90[	133
[90, 120[	60
[120, 150[	42
[150, 180[	18
[180, 210[	12
[210, 240[	8
[240, 270[	4
[270, 300[	1

L'inactivité augmente les risques de maladie. Les experts et expertes vont jusqu'à affirmer que l'inactivité fait autant de dommages à la santé que la consommation d'un paquet de cigarettes par jour. On présente ci-contre des données obtenues lors d'un sondage concernant le nombre de minutes consacrées à la pratique d'activités physiques en dehors du travail chaque semaine.

Interprète ces données en utilisant les outils statistiques.

Trente minutes de marche par jour permet de réduire les risques de décès prématuré, de maladies cardiaques, de diabète, d'hypertension, de cancer du colon, d'anxiété, de dépression, d'obésité, de fracture et contribue au bien-être psychologique.

14   LES TOURISTES AU QUÉBEC

En surfant sur Internet, Luc a trouvé un tableau montrant la provenance des touristes qui dépensent le plus au Québec.

Fais l'étude de ces données : présente-les de manière à mieux les situer les unes par rapport aux autres, trace le ou les diagrammes pertinents, calcule les mesures appropriées et tire les conclusions qui s'imposent.

| Back | Forward | Home | Edit | Reload | Images | Print | Find | Stop | N |

| What's New? | What's Cool? | Destinations | Net Search | People | Software |

Touristes au Québec

Province, pays ou état	Dépenses par touriste par jour (en $)
New York	102
France	113
Ontario	94
Nouveau-Brunswick	87
Manitoba	78
Allemagne	121
Hollande	114
Maine	95
Italie	132
Belgique	107
Espagne	99
Colombie-Britannique	103
Alberta	92
Illinois	120
New Jersey	114
Floride	110
Californie	135

Randonnée en motoneige à Percé. L'intérêt pour les randonnées en motoneige ne cesse de croître auprès des visiteurs étrangers, en quête de grands espaces.

15 LES POISSONS CONTAMINÉS AU MERCURE

Des biologistes vérifient la contamination au mercure des poissons d'une rivière du Nord québécois. Ils ont testé la concentration en mercure (en parties par million) pour 40 poissons pris au hasard. Voici les résultats (en ppm) :

Les poissons les plus contaminés sont les plus grands prédateurs tels le brochet et le maskinongé.

0,56 0,31 0,45 0,62 0,76 0,62 0,54 0,30 0,47 0,63 0,45 0,40 0,41 0,61 0,63 0,63

0,60 0,69 0,36 0,52 0,72 0,67 0,59 0,76 0,42 0,67 0,43 0,50 0,33 0,58 0,48 0,61

0,52 0,60 0,64 0,65 0,50 0,60 0,73 0,53

La tolérance recommandée par Santé Canada pour que le poisson soit comestible est de 0,50 ppm.

Organise les données, trace les diagrammes appropriés, calcule les mesures significatives et tire les conclusions qui s'imposent.

16 LE BOUCHE À OREILLE

Deux films québécois sont sortis en salle le mois dernier. Un cinéma les a simultanément mis à l'affiche pendant deux semaines complètes dans deux salles comptant chacune 200 sièges. Voici le nombre de spectateurs et spectatrices présents à chaque représentation pour chaque film :

La Femme idéale : 200, 200, 198, 187, 175, 180, 168, 165, 143, 128, 98, 147, 125, 78, 111, 97, 45, 106, 112, 95, 68, 45, 43, 84, 32, 36, 28, 34, 23, 24, 12, 14

Le Marteau : 45, 56, 23, 67, 112, 125, 145, 118, 154, 178, 200, 200, 200, 198, 200, 118, 200, 200, 178, 167, 198, 67, 168, 134, 125, 89, 98, 68, 39, 45, 78, 145

Fais «parler» ces données.

17 AU CLUB MED

La directrice d'un club Med a relevé l'âge des vacanciers et vacancières dont le voyage est prévu pour la deuxième semaine de janvier. On présente ci-contre la distribution obtenue selon le groupe d'âge.

Âge des vacanciers et vacancières

Groupe d'âge	Effectif
[18, 24[	6
[24, 30[	22
[30, 36[	18
[36, 42[	26
[42, 48[	32
[48, 54[	37
[54, 60[	62
[60, 66[	52

a) Interprète ces données.

b) Imagine qu'on te confie l'organisation des activités récréatives. Quelles activités conviennent le mieux à cette clientèle?

1. LA FRÉQUENCE CARDIAQUE AVANT ET APRÈS

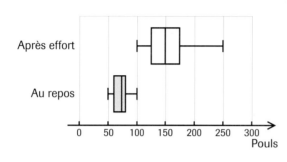

Un groupe de jeunes suit un entraînement physique. Au début, on demande à chacun et chacune de prendre son pouls. Après 15 min d'effort intensif, la même consigne est répétée. On a présenté les données recueillies dans les diagrammes de quartiles ci-contre. Donne trois informations que l'on peut tirer de ce graphique.

2. LES PLUS GRANDES SOCIÉTÉS FINANCIÈRES AU QUÉBEC

Voici la liste du nombre d'employés et employées des 15 plus grandes sociétés financières du Québec pour l'année 1996. Dégage six éléments d'information de ces données, inspirés de différents outils statistiques.

Édifice de la Banque Nationale à Montréal.

Grandes sociétés financières

Nom	Nombre d'employés et employées
Caisses populaires Desjardins	46 673
Banque Nationale	10 584
Banque Royale	8 982
Banque de Montréal	5 800
Banque CIBC	3 500
Banque Scotia	2 560
Industrielle-Alliance	2 281
Banque Laurentienne	2 275
Banque TD	1 875
MFQ	1 678
Sun Life	1 665
AXA Canada	1 300
ING Canada	1 254
Promutuel	1 050
Standard Life	1 000

Source : *Magazine Les Affaires.*

3. Voici la liste des résultats de deux classes de mathématique à l'examen d'étape (les deux classes ont passé le même examen) :

Groupe 1 : 48, 49, 54, 58, 60, 64, 66, 70, 71, 72, 72, 72, 78, 79, 81, 83, 83, 85, 86, 87, 91, 94, 95, 97, 100

Groupe 2 : 34, 38, 42, 48, 48, 54, 58, 58, 60, 60, 61, 64, 66, 67, 68, 69, 70, 72, 74, 75, 77, 79, 80, 84, 84, 86, 88, 90, 90

a) Donne six éléments d'information de nature statistique à propos de chaque distribution.

b) Dégage quatre éléments d'information de la comparaison des deux distributions.

c) Indique qui, de Marc ou de Danielle, a le mieux réussi par rapport à son groupe. Marc fait partie du premier groupe et a eu la note 72; Danielle fait partie du second groupe et a eu 66.

MARIA GAETANA AGNESI
(1718-1799)

Dès votre enfance, madame Agnesi, vos parents ont constaté que vous étiez une enfant prodige. Racontez-nous vos exploits !

J'avais une grande facilité à apprendre les langues et à m'exprimer. Ainsi, à l'âge de cinq ans, en plus de ma langue maternelle qui est l'italien, je parlais couramment le français. À neuf ans, je maîtrisais également le latin, l'hébreu, le grec et, deux ans plus tard, je parlais couramment sept langues. J'ai écrit mon premier texte en latin, traitant de l'importance pour les femmes de recevoir une éducation supérieure, alors que j'avais neuf ans.

m'a parlé de oirées organi-es par votre ère et dont ous étiez la « vedette ». crivez-nous le roulement de ces soirées.

Mon père, un professeur de mathématiques, a commencé à inviter des intellectuels tous les vendredis soirs alors que j'avais quinze ans. Je préparais un discours sur un sujet philosophique ou mathématique et je discutais avec les invités. Bientôt, les hommes les plus brillants d'Europe étaient parmi les invités. Mais, je finis par me lasser de ces soirées, que je trouvais superficielles.

u'entendez-vous par là ? Ces soirées ne ous plaisaient pas ?

J'aspirais à autre chose ! Je désirais entrer au couvent et consacrer ma vie à aider les pauvres. Mais, parce que j'étais l'aînée et que ma mère était morte, mon père ne voulait pas se séparer de moi. Toutefois, il me permit de vivre selon mes souhaits : être vêtue simplement et modestement, pouvoir me rendre à l'église aussi souvent que je le désirais et ne pas être tenue d'assister aux rencontres sociales.

Qu'est-ce qui vous a poussée alors vers es mathématiques ?

Mon père m'avait demandé de superviser les études de mon jeune frère en mathématique. Mais je trouvais les manuels existants tous trop compliqués pour les jeunes. J'ai décidé alors d'écrire un livre expliquant les notions d'algèbre, de géométrie analytique, de calcul différentiel et intégral. J'ai utilisé des exemples et des problèmes simples qui permettaient aux jeunes élèves de comprendre plus facilement les notions abstraites.

Votre livre, *Instituzioni Analitichi*, de 1070 pages a été publié en deux volumes. Comment a-t-il été reçu?

L'Académie française a déclaré qu'il n'existait aucun autre livre qui permettait de pénétrer aussi profondément, aussi rapidement les concepts de l'analyse. On l'a considéré pendant 50 ans comme le meilleur livre d'enseignement des mathématiques.

Pourtant, madame Agnesi, vous avez décidé par la suite d'abandonner les mathématiques. Pourquoi?

Je voulais consacrer le reste de ma vie à venir en aide aux pauvres. Je devins directrice d'un foyer pour démunis et je décidai même d'aller y vivre afin d'être plus près d'eux. J'ai vendu les bijoux et les médailles que l'impératrice Marie-Thérèse d'Autriche et le pape Benoît XIV m'avaient donnés pour ma contribution à l'enseignement des mathématiques. J'ai donné cet argent à des œuvres charitables.

Maria Gaetana Agnesi est considérée comme une femme remarquable. D'une part, elle a contribué largement au développement des mathématiques en permettant à de nombreux élèves de comprendre et d'apprécier les mathématiques. D'autre part, elle a aidé les plus démunis à se nourrir et à se vêtir. Elle a ainsi consacré sa vie à aider les autres en choisissant deux voies différentes.

Maria Agnesi a fait des travaux sur les courbes dont une porte son nom. Cette courbe a beaucoup intrigué les mathématiciens et mathématiciennes par la suite, car ses propriétés mathématiques sont nombreuses ainsi que les applications physiques qui en découlent.

On a inscrit les deux premiers couples de nombres dans la table de valeurs ci-dessous.

x	-8	-7	-6	-5	-4	-3	-2	-1	0	1	2	3	4	5	6	7	8
y	0,8	1,0	■	■	■	■	■	■	■	■	■	■	■	■	■	■	■

a) Complète l'équation représentant une section de la «courbe d'Agnesi» : $y = \dfrac{\blacksquare}{x^2 + 16}$

b) Reproduis et complète la table de valeurs ci-dessus.

c) Représente les points obtenus dans un plan cartésien et trace la courbe.

d) Donne la valeur de y lorsque $x = 50$.

e) La courbe va-t-elle rencontrer l'axe des abscisses? Justifie ta réponse.

Mes projets

Projet 1 : Le jeu du promeneur solitaire

La personne qui désire jouer débourse d'abord 6 $. Elle place ensuite son jeton sur la case de départ de son choix, soit A, soit B. Puis, elle lance un dé.

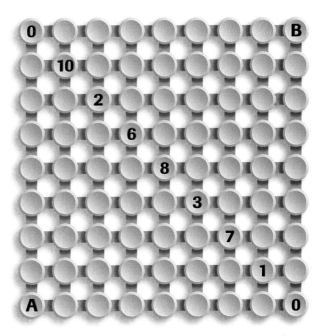

Chaque fois qu'elle obtient un 1 ou un 2, elle avance son jeton d'une case verticalement vers la ligne diagonale. Chaque fois qu'elle obtient un 3, un 4, un 5 ou un 6, elle avance horizontalement d'une case vers la ligne diagonale. La partie se termine lorsqu'un joueur atteint l'une des cases de la diagonale. Il reçoit alors le montant indiqué sur la case qu'il a atteinte.

On désire savoir si ce jeu est équitable et si on a autant de chances de gagner en partant de A qu'en partant de B.

Pour répondre à ces interrogations, joue 100 parties (50 à partir de A et 50 à partir de B) et note le montant gagné chaque fois.

Un jeu est équitable si la moyenne des gains est égale au montant de la mise.

Présente les résultats obtenus à l'aide de tableaux et de diagrammes appropriés. Fais les calculs nécessaires pour répondre aux deux questions posées. Tire les conclusions qui s'imposent. Si les résultats ne sont pas satisfaisants, augmente la taille de l'échantillon.

Source : *Teaching Statistics and Probability,* Carolyn Alexander Maher.

Projet 2 : Le sondage

À partir d'un sondage effectué en 1988, Statistique Canada conclut que les Canadiens et les Canadiennes de 15 à 24 ans ont en moyenne 5,4 h de temps libre par jour. Le temps libre est défini comme celui qui n'est consacré ni au travail, ni aux études, ni au sommeil, ni aux repas, ni à l'hygiène. Vérifie, à l'aide d'un sondage, si cette affirmation est vraie dans ton milieu.

Cible bien la population à étudier, détermine la taille de l'échantillon, la méthode d'échantillonnage et le procédé de collecte des données. Présente les résultats à l'aide de tableaux et de graphiques adéquats. Calcule les mesures statistiques pertinentes. Divise la population choisie en cinq groupes selon le nombre d'heures consacrées au loisir. Tire les conclusions qui s'imposent.

JE CONNAIS LA SIGNIFICATION DES EXPRESSIONS SUIVANTES :

Population : ensemble d'individus, d'objets ou d'événements ayant des caractérisques communes.

Échantillon : sous-ensemble d'une population.

Taille d'un échantillon : nombre d'éléments qui composent l'échantillon.

Recensement : étude statistique qui porte sur tous les individus d'une population.

Sondage : étude statistique qui, à partir de données recueillies sur un échantillon, tire des conclusions sur la population entière.

Enquête : étude approfondie souvent effectuée par des experts ou expertes qui recueillent des données de différentes sources.

Échantillon représentatif : échantillon où l'on retrouve toutes les caractéristiques de la population.

Échantillon biaisé : échantillon non représentatif.

Sources de biais : différents phénomènes qui empêchent un échantillon d'être représentatif ou les résultats d'une étude d'être conformes à la réalité.

Quartiles : trois nombres qui divisent un ensemble ordonné en quatre sous-ensembles ayant le même nombre de données.

Diagramme de quartiles : diagramme formé d'un rectangle et de segments de droites qui met en évidence les quartiles, le minimum et le maximum d'une distribution.

Mesures de position : mesures qui permettent de situer une donnée parmi les autres et de comparer des données de même nature provenant d'ensembles différents.

Rang cinquième : mesure de position qu'on attribue aux données après les avoir ordonnées puis divisées en cinq groupes ayant à peu près le même nombre de données.

Rang centile d'une donnée : pourcentage des données inférieures ou égales à cette donnée.

JE MAÎTRISE LES HABILETÉS SUIVANTES :

Calculer des mesures statistiques.

Construire et interpréter un diagramme de quartiles.

Analyser une distribution à l'aide d'outils statistiques.

Comparer deux distributions.

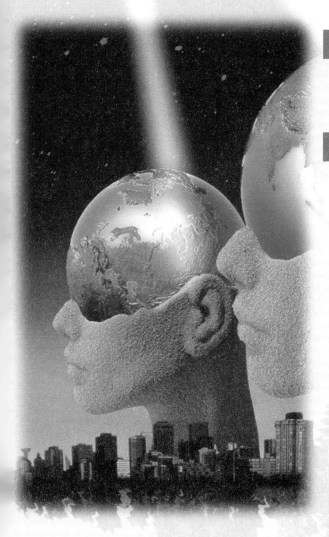

Regard 5

LES FIGURES SEMBLABLES

Les grandes idées

► Notion de similitude.

► Figures semblables dans le plan.

► Solides semblables dans l'espace.

► Relations entre les mesures de longueur, d'aire ou de volume dans les figures semblables.

Objectif terminal

► Résoudre des problèmes en utilisant le concept de similitude de figures planes et de solides.

Objectifs intermédiaires

► Identifier et décrire les similitudes entre deux figures semblables.

► Définir les figures semblables et énoncer les propriétés des figures planes semblables ou des solides semblables.

► Énoncer les conditions minimales entraînant la similitude de deux triangles et prouver certains énoncés relatifs aux figures semblables.

► Déterminer certaines mesures relatives aux figures semblables et aux solides semblables.

► Résoudre des problèmes en justifiant les étapes de résolution.

LES SIMILITUDES

LES ISOMÉTRIES

De la sérigraphie

Voici deux tableaux fabriqués par sérigraphie :

a) Explique le procédé de reproduction par sérigraphie.

b) Que signifie le rapport sur chaque tableau ?

c) Quelles caractéristiques ont deux tableaux reproduits par sérigraphie ?

Dans un plan, les figures isométriques sont obtenues par isométrie.

d) Quelles sont les principales isométries ?

e) Quelles caractéristiques ont les angles homologues des figures dans chaque cas ?

f) Quelles caractéristiques ont les côtés homologues dans chaque cas ?

g) Deux figures isométriques ont-elles la même forme ?

Les isométries font partie du groupe de transformations qui conservent la forme des figures. Outre les isométries, d'autres transformations du plan laissent intacte la forme des figures.

Des toiles et des faisceaux

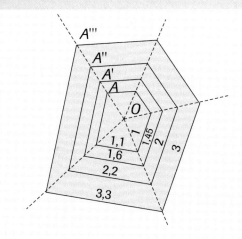

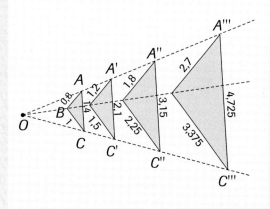

a) Dans chaque cas, quelles sont les caractéristiques des angles homologues des figures ?

b) Dans chaque cas, quelles sont les caractéristiques des côtés homologues ?

Les toiles et les faisceaux sont des techniques pour agrandir ou réduire des figures. Ces techniques utilisent un type particulier de transformations du plan appelées **homothéties.**

Les **homothéties** sont des transformations du plan qui utilisent un **point fixe,** appelé **centre d'homothétie,** et un **rapport,** appelé **rapport d'homothétie.**

Ce centre et ce rapport permettent d'associer à tout point du plan une et une seule image qui se trouve sur la droite passant par ce point et le centre. Cette droite est appelée **trace.**

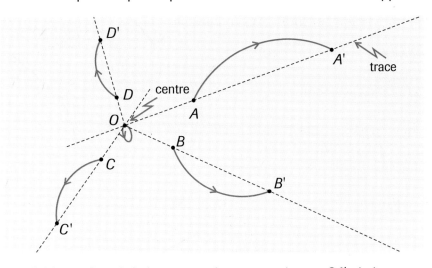

Le rapport d'homothétie est formé de la mesure du segment image *OA*', de la mesure du segment initial *OA* et d'un signe :

- **positif** si un point et son image sont du même côté du centre ;

- **négatif** si un point et son image sont de part et d'autre du centre.

Ainsi, on a :

Rapport d'homothétie $= +\dfrac{m\,\overline{OA'}}{m\,\overline{OA}} = +\dfrac{b}{a} = k$ Rapport d'homothétie $= -\dfrac{m\,\overline{OA'}}{m\,\overline{OA}} = -\dfrac{b}{a} = k$

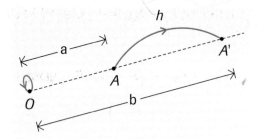

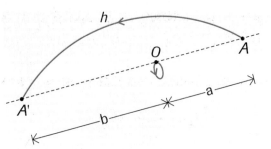

Une homothétie est complètement déterminée par son centre et son rapport ou encore par son centre et un point avec son image (flèche).

c) Dans chaque cas, détermine le rapport d'homothétie.

1)

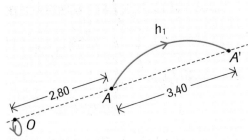

2)

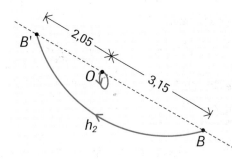

3)

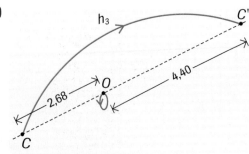

4)

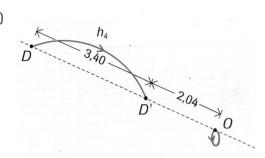

d) Dans chaque cas, détermine le rapport d'homothétie et la valeur de $\dfrac{m\,\overline{A'B'}}{m\,\overline{AB}}$.

1)

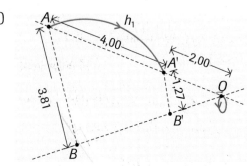

2)

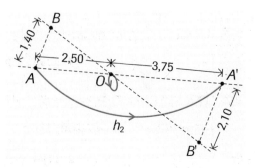

Le rapport des mesures d'un segment image et du segment initial associés par une homothétie correspond au rapport de similitude.

Le **rapport de similitude** est le rapport de la mesure d'un segment image à la mesure du segment initial.

Dans le plan cartésien, l'homothétie de rapport k dont le centre est l'origine se définit comme suit :

$$h : (x, y) \longmapsto (kx, ky)$$

Ainsi, les coordonnées de l'image de tout point sont obtenues en multipliant celles des points initiaux par le rapport d'homothétie.

e) On a illustré ci-contre une homothétie h_1 de rapport 2 :

$$h_1 : (x, y) \longmapsto (2x, 2y)$$

Détermine les coordonnées des images décrites.

1) $h_1(-2, 4)$ 2) $h_1(0, 3)$

3) $h_1(-3, 0)$ 4) $h_1(-2, -4)$

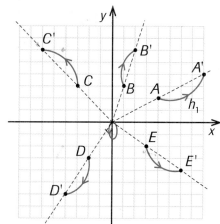

f) Voici deux homothéties associant chacune deux figures du plan. Dans chaque cas, la figure image est-elle un agrandissement ou une réduction de la figure initiale ?

1)
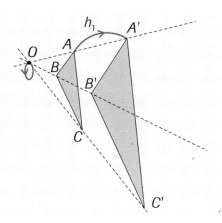

2)
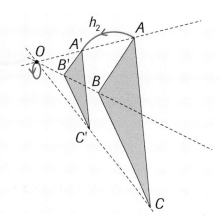

g) A-t-on un agrandissement ou une réduction si le rapport de similitude est :

1) 1 ?   2) compris entre 0 et 1 ?   3) supérieur à 1 ?

h) Dans des figures associées par une homothétie, quelles sont les caractéristiques :

1) des angles homologues ?   2) des côtés homologues ?

i) Peut-on dire que les homothéties déforment les figures du plan ?

Il est également possible de faire **suivre** ou **précéder** une isométrie d'une homothétie.

a) Dans chaque cas, identifie la composée qui permet d'associer la figure 1 à la figure 3 en passant par la figure 2.

1)

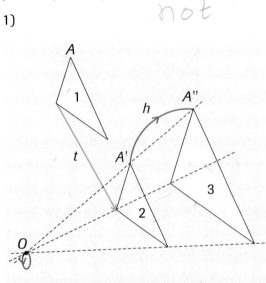

2)

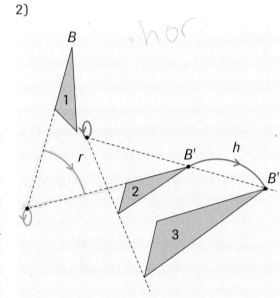

3)

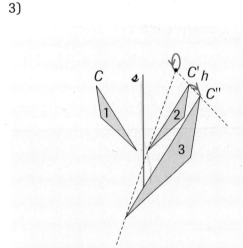

4)

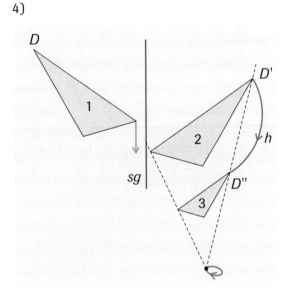

b) Quelles sont les caractéristiques des angles homologues des figures associées par la composée formée d'une isométrie et d'une homothétie?

c) Quelles sont les caractéristiques des côtés homologues des figures associées par la composée formée d'une isométrie et d'une homothétie?

d) Peut-on dire que les composées d'isométries et d'homothéties déforment les figures du plan?

Toutes les transformations qui **ne déforment pas** les figures du plan sont appelées des **similitudes.**

En ajoutant l'homothétie à la table de composition des isométries, on obtient toutes les **similitudes.**

∘	t	r	𝓈	sg	h
t	t	t ou r	𝓈 ou sg	𝓈 ou sg	t ou h
r	t ou r	t ou r	𝓈 ou sg	𝓈 ou sg	r ∘ h
𝓈	𝓈 ou sg	𝓈 ou sg	t ou r	t ou r	𝓈 ∘ h
sg	𝓈 ou sg	𝓈 ou sg	t ou r	t ou r	sg ∘ h
h	t ou h	h ∘ r	h ∘ 𝓈	h ∘ sg	h

$\Rightarrow$

∘	t	r	𝓈	sg	h
t	Sim	Sim	Sim	Sim	Sim
r	Sim	Sim	Sim	Sim	Sim
𝓈	Sim	Sim	Sim	Sim	Sim
sg	Sim	Sim	Sim	Sim	Sim
h	Sim	Sim	Sim	Sim	Sim

On donne le nom de **figures semblables** aux figures associées par une **similitude.**

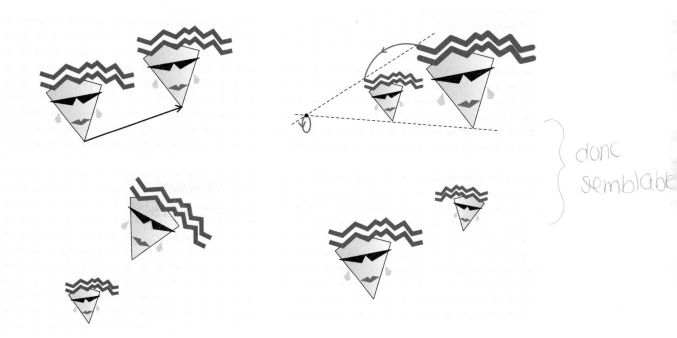

donc semblable

Quand on applique une similitude, les figures associées sont semblables.

Similitude $\Rightarrow$ Figures semblables

e) Donne quelques propriétés que les similitudes confèrent aux figures semblables.

De plus, si l'on a des figures *A* et *B* semblables dans un même plan, il est toujours possible de trouver une similitude qui applique la figure *A* sur la figure *B*.

Similitude $\Leftarrow$ Figures semblables

On a donc la définition suivante:

Deux figures sont **semblables** si et seulement s'il existe une **similitude** qui applique
l'une sur l'autre ou qui les associe.

f) Il est facile de trouver les composantes de cette similitude lorsqu'on voit la figure
intermédiaire de la composition. Identifie la similitude qui associe les figures
semblables 1 et 3.

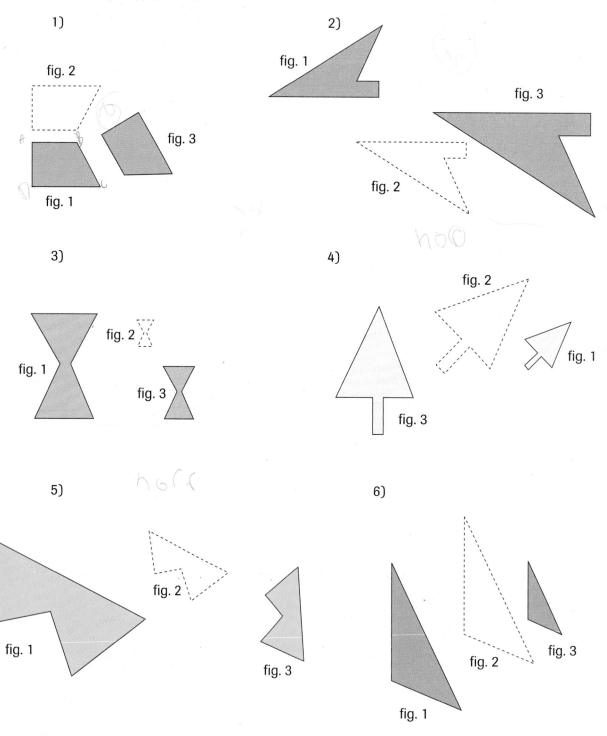

1)

fig. 2

fig. 3

fig. 1

2)

fig. 1

fig. 3

fig. 2

3)

fig. 2

fig. 1

fig. 3

4)

fig. 2

fig. 1

fig. 3

5)

fig. 2

fig. 1

fig. 3

6)

fig. 2

fig. 1

fig. 3

En réalité, deux figures semblables peuvent être associées par une infinité de composées. Il suffit d'en identifier une seule. Il existe une façon de procéder qui permet de trouver une similitude avec un minimum d'effort. Cette méthode est résumée dans le schéma suivant :

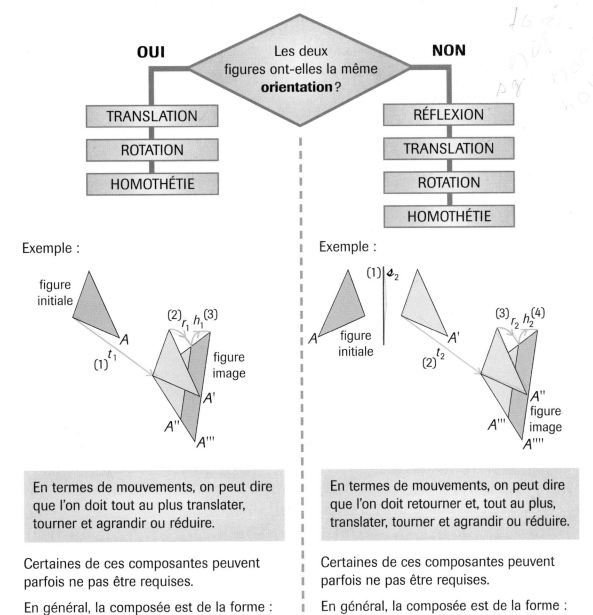

En termes de mouvements, on peut dire que l'on doit tout au plus translater, tourner et agrandir ou réduire.

En termes de mouvements, on peut dire que l'on doit retourner et, tout au plus, translater, tourner et agrandir ou réduire.

Certaines de ces composantes peuvent parfois ne pas être requises.

Certaines de ces composantes peuvent parfois ne pas être requises.

En général, la composée est de la forme :

$$(h \circ r) \circ t$$

En général, la composée est de la forme :

$$((h \circ r) \circ t) \circ \mathit{l}$$

g) Sachant que les figures ci-dessous sont semblables, donne une similitude qui transforme la première figure en la seconde.

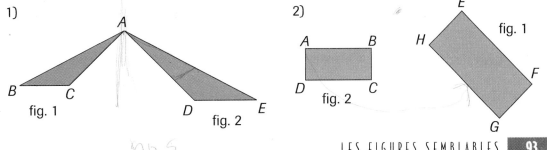

3)

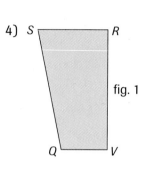

fig. 1

fig. 2

4)

fig. 1

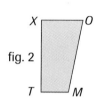

fig. 2

5)

fig. 2

fig. 1

6)

fig. 1

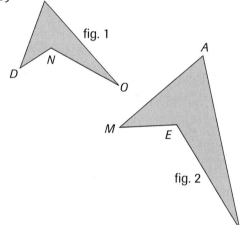

fig. 2

7)

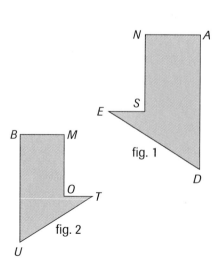

fig. 1

fig. 2

8)

fig. 1

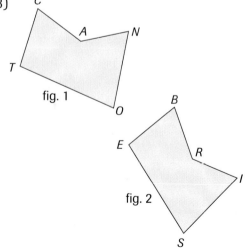

fig. 2

En résumé:

Deux figures sont semblables si et seulement s'il existe une similitude qui les associe:

Figures semblables ⇔ Similitude

À cause des propriétés des similitudes, les figures semblables ont fondamentalement les deux propriétés suivantes:

1° des **angles homologues congrus**;

2° des **mesures de côtés homologues proportionnelles.**

Lorsque des segments ont des mesures proportionnelles, on dit aussi que les segments sont proportionnels.

INVESTISSEMENT 1   ▶ ▶ ▶ ▶ ▶ ▶

1. Détermine si l'énoncé est vrai ou faux.

   a) Toutes les figures isométriques sont semblables.

   b) Toutes les figures semblables sont isométriques.

   c) Les figures semblables ont la même forme.

   d) Les figures semblables ont la même aire.

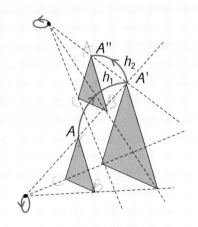

Le tracé de figures et de plans est une partie importante du travail des techniciennes et techniciens en architecture et en construction.

2. On a composé deux homothéties.
   Dans chaque cas, identifie la composée.

   a)   *b)*

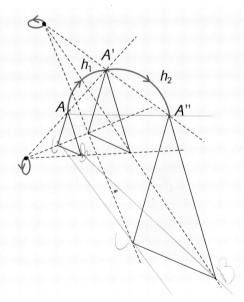

3. Trace l'image de la figure donnée par la similitude décrite. $h6$

a) Homothétie *h* de centre *O* et de rapport 1/2, suivie de la translation *t*.

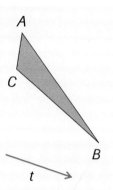

b) Homothétie de centre *O* et de rapport 2, suivie de l'homothétie de centre *X* et de rapport 1/2.

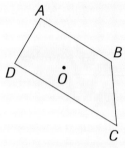

c) Homothétie de centre *O* et de rapport ‑1/2, suivie de la symétrie glissée donnée.

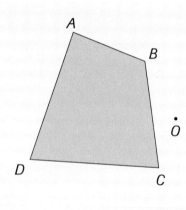

sg

d) $h_2 \circ h_1$

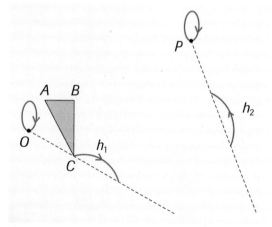

e) Homothétie de centre *O* et de rapport ‑3/4, suivie de la réflexion d'axe *m*.

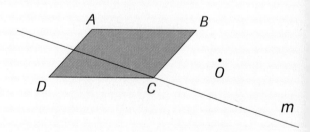

4. Sachant que les figures données sont semblables, décris une similitude en traçant les flèches, les centres, etc., des composantes qui la définissent.

a)

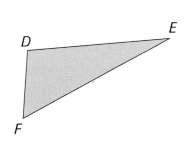

b)

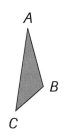

c)

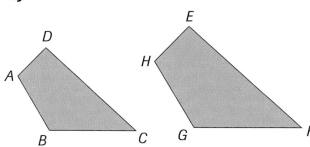

d)

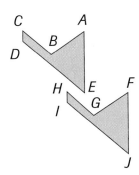

e)

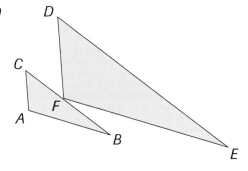

f)

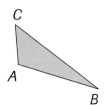

g)

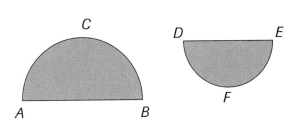

h)

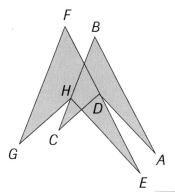

5. Voici dix polygones.

a) Détermine six paires de polygones semblables.

b) Pour chaque paire de polygones semblables, détermine le rapport de similitude.

c) Identifie une composée d'isométrie et d'homothétie qui applique :

1) A sur C;

2) F sur I;

3) E sur J.

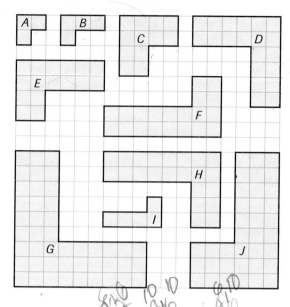

6. Détermine les images des sommets du triangle ABC avec $A(2, -1)$, $B(4, 3)$ et $C(2, -3)$ par une homothétie h de centre $(0, 0)$ et de rapport -2, suivie de la translation $t_{(2, 4)}$.

7. Dans chaque cas, identifie et décris une similitude qui associe la figure 1 à la figure 2.

a)

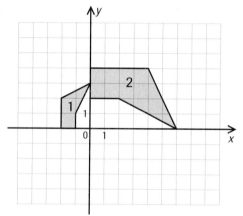

b)

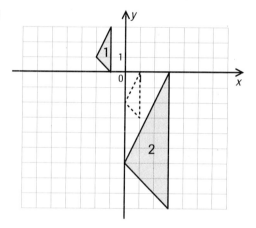

8. Est-il possible d'imaginer une composée d'homothéties qui serait équivalente à une rotation ou à une réflexion? Explique ta réponse.

FORUM

Pour chacune des questions, trouvez un contre-exemple si votre réponse est «non» ou une justification si votre réponse est «oui».

a) Une figure est-elle toujours semblable à elle-même?

b) Si une figure A est semblable à une figure B, la figure B est-elle nécessairement semblable à la figure A?

c) Si une première figure A est semblable à une deuxième figure B et que la figure B est semblable à une troisième figure C, la figure A est-elle nécessairement semblable à la figure C?

PROPRIÉTÉS DES FIGURES SEMBLABLES

PROPRIÉTÉS FONDAMENTALES

Activité 1 : Découpage d'un rectangle

Voici un carton rectangulaire de 10 cm sur 15 cm.

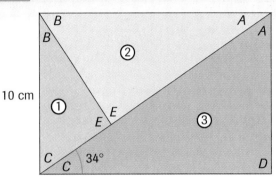

a) Trace la diagonale AC et abaisse la hauteur issue de B sur $\overline{AC}$.

b) Cette construction détermine trois triangles. Calcule la mesure de chacun des angles et des côtés de ces trois triangles et inscris-les sur chaque triangle.

c) Après avoir découpé les triangles, superpose-les comme il est illustré et calcule la valeur des rapports des côtés homologues.

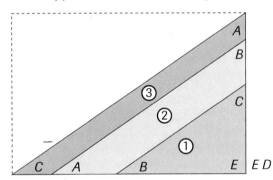

1) Comparaison de ① et ② :

$$\frac{m\ \overline{EC}}{m\ \overline{EB}} = \blacksquare, \frac{m\ \overline{EB}}{m\ \overline{EA}} = \blacksquare \text{ et } \frac{m\ \overline{CB}}{m\ \overline{BA}} = \blacksquare$$

2) Comparaison de ① et ③ :

$$\frac{m\ \overline{EC}}{m\ \overline{DA}} = \blacksquare, \frac{m\ \overline{EB}}{m\ \overline{DC}} = \blacksquare \text{ et } \frac{m\ \overline{CB}}{m\ \overline{AC}} = \blacksquare$$

3) Comparaison de ② et ③ :

$$\frac{m\ \overline{EB}}{m\ \overline{DA}} = \blacksquare, \frac{m\ \overline{EA}}{m\ \overline{DC}} = \blacksquare \text{ et } \frac{m\ \overline{BA}}{m\ \overline{AC}} = \blacksquare$$

d) Quelle conjecture peut-on émettre au sujet de ces rapports ?

e) À propos des angles, quelle conjecture suggèrent les trois superpositions suivantes ?

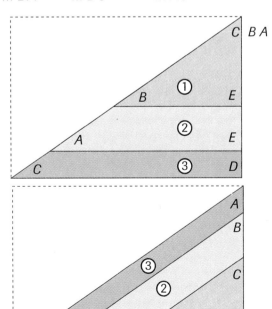

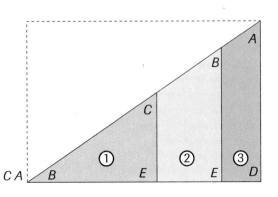

Voici trois questions importantes.

1° Deux figures qui ont leurs angles homologues congrus sont-elles nécessairement semblables ?

2° Deux figures qui ont leurs mesures de côtés homologues proportionnelles sont-elles nécessairement semblables ?

3° Deux figures qui ont leurs angles homologues congrus et leurs mesures de côtés homologues proportionnelles sont-elles nécessairement semblables ?

Analyse les figures suivantes et propose une réponse aux questions ci-dessus.

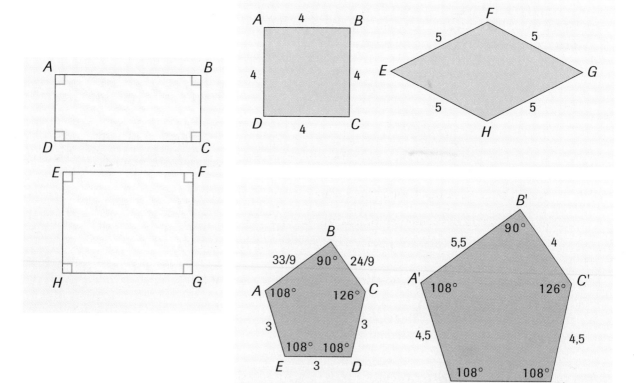

Pour être semblables, des figures doivent avoir simultanément ces deux propriétés.

Les propriétés fondamentales des figures semblables sont :

1° la congruence des **angles homologues** ;

2° la proportionnalité des **mesures des lignes homologues.**

À PROPOS DE LA PROPORTIONNALITÉ

Le logiciel de dessin

Un logiciel a la fonction suivante:

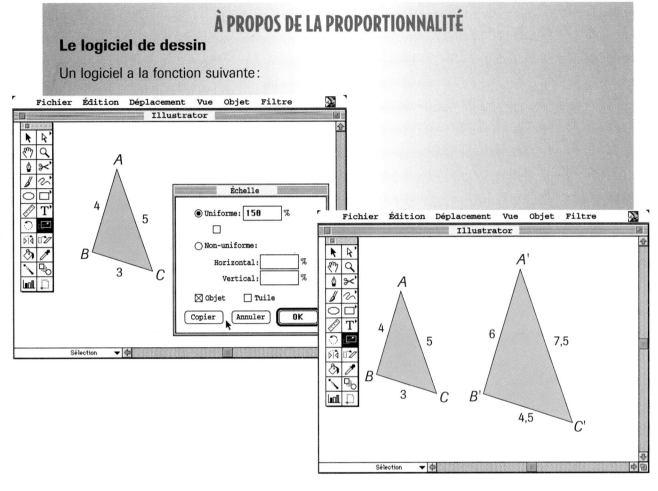

a) Quel travail peut effectuer l'option «échelle»?

b) Quelle transformation a-t-elle appliquée au triangle *ABC*?

c) Détermine trois proportions différentes à partir de ces deux figures.

Les mots **proportionnalité** et **proportionnel** viennent du mot **proportion.** On définit une proportion comme suit:

> Une proportion est l'égalité entre deux rapports $\dfrac{a}{b}$ et $\dfrac{c}{d}$ où *a, b, c, d* sont non nuls:
>
> $$\frac{a}{b} = \frac{c}{d} \text{ ou } a:b=c:d$$
>
> *a* et *d* sont appelés les extrêmes et *b* et *c*, les moyens.
> *a* et *c* sont les numérateurs et *b* et *d*, les dénominateurs.

William Oughtred (1574-1660) serait celui qui a proposé l'utilisation des «:» pour noter des rapports.

Ainsi, dire que des **quantités sont proportionnelles, c'est affirmer que leurs rapports deux à deux forment une proportion.** La résolution de problèmes sur les figures semblables est intimement reliée aux propriétés des proportions. Les proportions ont de nombreuses propriétés.

d) Complète la formulation symbolique des propriétés suivantes et illustre chacune de deux exemples numériques.

> **Dans une proportion :**
>
> 1° **Le produit des extrêmes égale le produit des moyens.**
>
> $$\frac{a}{b} = \frac{c}{d} \Leftrightarrow \blacksquare$$
>
> 2° **Inverser les rapports donne une nouvelle proportion.**
>
> $$\frac{a}{b} = \frac{c}{d} \Leftrightarrow \blacksquare$$
>
> 3° **Intervertir les extrêmes donne une nouvelle proportion.**
>
> $$\frac{a}{b} = \frac{c}{d} \Leftrightarrow \blacksquare$$
>
> 4° **Intervertir les moyens donne une nouvelle proportion.**
>
> $$\frac{a}{b} = \frac{c}{d} \Leftrightarrow \blacksquare$$
>
> 5° **La somme (ou la différence) des numérateurs est à la somme (ou à la différence) des dénominateurs ce qu'un numérateur est à son dénominateur.**
>
> $$\frac{a}{b} = \frac{c}{d} \Leftrightarrow \blacksquare$$
>
> 6° **La somme (ou la différence) des termes du premier rapport est à son dénominateur ce que la somme (ou la différence) des termes du second rapport est à son dénominateur.**
>
> $$\frac{a}{b} = \frac{c}{d} \Leftrightarrow \blacksquare$$

On attribue à Pythagore (-540) et à Eudoxe (-370) le mérite d'avoir mis à jour les propriétés des proportions.

e) On a appliqué une homothétie de centre A au triangle ABC. Détermine la propriété des proportions qui permet de passer d'une expression à l'autre.

$$\frac{4}{5} = \frac{2,4}{\text{m } \overline{AE}} \;\Rightarrow\; \frac{\text{m } \overline{AE}}{5} = \frac{2,4}{4} \;\Rightarrow\; 4 \times \text{m } \overline{AE} = 12$$

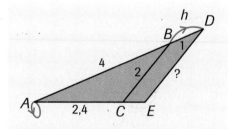

f) Pose une proportion qui permet de calculer la mesure de $\overline{DE}$.

Les **propriétés des proportions** et les **règles de transformation des équations** simplifient le travail de résolution des équations.

g) Identifie les propriétés des proportions et les règles de transformation qu'on a utilisées pour trouver la valeur de la variable.

1) $\dfrac{2}{5} = \dfrac{3}{x} \;\Rightarrow\; \dfrac{x}{5} = \dfrac{3}{2} \;\Rightarrow\; 2x = 15 \;\Rightarrow\; x = 7,5$

2) $\dfrac{6}{n} = \dfrac{15}{120} \;\Rightarrow\; \dfrac{n}{6} = \dfrac{120}{15} \;\Rightarrow\; 15n = 6 \times 120 \;\Rightarrow\; n = 48$

1. Les figures suivantes sont-elles semblables?

a)

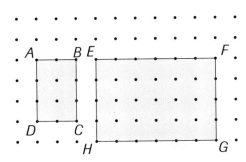

b)

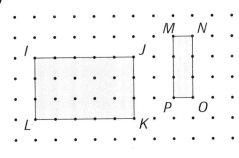

c)

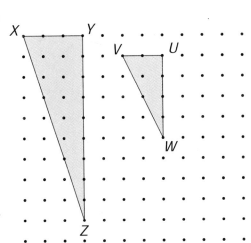

d)

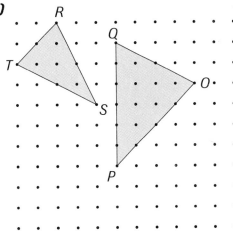

2. Vrai ou faux?

a) Les similitudes conservent la forme des figures, mais ne conservent pas nécessairement les dimensions comme le font les isométries.

b) Les similitudes conservent la distance entre les points.

c) Les similitudes conservent la mesure des angles.

d) Les similitudes transforment toute droite en une droite parallèle.

3. Voici cinq rapports. Détermine ceux qui forment une proportion.

$$\frac{21}{51}, \frac{15}{25}, \frac{7}{17}, \frac{27}{45}, \frac{19}{57}$$

4. Énonce la propriété qu'on a appliquée à la première proportion pour obtenir la seconde.

a) $\dfrac{4}{9} = \dfrac{24}{54} \iff \dfrac{54}{9} = \dfrac{24}{4}$

b) $\dfrac{3}{8} = \dfrac{15}{40} \iff \dfrac{3}{15} = \dfrac{8}{40}$

c) $\dfrac{2}{3} = \dfrac{8}{12} \iff \dfrac{10}{15} = \dfrac{2}{3}$

d) $\dfrac{5}{6} = \dfrac{10}{12} \iff \dfrac{6}{5} = \dfrac{12}{10}$

e) $\dfrac{3}{4} = \dfrac{9}{12} \iff \dfrac{7}{4} = \dfrac{21}{12}$

f) $\dfrac{4}{7} = \dfrac{12}{21} \iff \dfrac{-8}{-14} = \dfrac{4}{7}$

5. Détermine si l'énoncé est vrai ou faux. Donne un contre-exemple s'il est faux.

a) $\dfrac{m}{n} = \dfrac{p}{q} \Rightarrow \dfrac{q}{n} = \dfrac{m}{p}$

b) $\dfrac{e}{d} = \dfrac{r}{s} \Rightarrow \dfrac{s}{r} = \dfrac{d}{e}$

c) $\dfrac{t}{u} = \dfrac{a}{s} \iff \dfrac{u}{t} = \dfrac{a}{s}$

d) $\dfrac{x}{y} = \dfrac{a}{b} \Rightarrow \dfrac{x + b}{y} = \dfrac{y + a}{b}$

6. Donne quatre nouvelles proportions formées à partir de celle qui est donnée.

a) $\dfrac{6}{20} = \dfrac{9}{30}$

b) $\dfrac{x}{y} = \dfrac{s}{t}$

7. Donne les proportions que l'on peut tirer du fait que les triangles ci-dessous sont semblables.

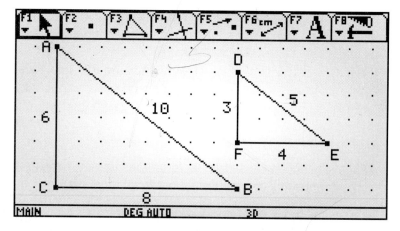

8. Trouve la valeur de la variable en appliquant les propriétés des proportions.

a) $\dfrac{x}{7} = \dfrac{5}{28}$

b) $\dfrac{3}{2x} = \dfrac{15}{16}$

c) $\dfrac{3}{2} = \dfrac{3x}{22}$

d) $\dfrac{23}{14} = \dfrac{46}{21x}$

e) $\dfrac{x + 3}{5} = \dfrac{x}{6}$

f) $\dfrac{2x + 3}{10 - x} = \dfrac{12}{5}$

g) $\dfrac{2a + 3}{a} = \dfrac{4}{5}$

h) $\dfrac{3}{b - 4} = \dfrac{7}{b + 5}$

i) $\dfrac{4}{n} = \dfrac{n}{9}$

9. Si $\dfrac{a}{b} = \dfrac{c}{d}$ est une proportion, détermine si l'énoncé est vrai ou faux.

a) $\dfrac{b}{a} = \dfrac{c}{d}$

b) $\dfrac{a}{c} = \dfrac{b}{d}$

c) $ab = cd$

d) $\dfrac{b}{a + b} = \dfrac{d}{c + d}$

10. En utilisant une suite de rapports égaux, détermine si la conclusion est vraie ou fausse.

$$\text{Si } \frac{a}{b} = \frac{c}{d} = \frac{e}{f} \Rightarrow \frac{a + c + e}{b + d + f} = \frac{a}{b}$$

11. Détermine si le rapport est conservé dans chaque situation.

a) On mélange 5 gouttes d'un colorant rouge à 10 gouttes d'un colorant bleu. On ajoute une goutte de chaque colorant au mélange. Obtient-on la même couleur?

Les colorants peuvent être d'origine naturelle (organique ou minérale), ou synthétique. Ils sont très utilisés dans toutes sortes d'industries.

b) Dans un litre de lait, on retrouve 3,25 % de gras.

    1) On sépare le litre en deux portions égales. A-t-on alors le même pourcentage de gras dans chaque portion?

    2) On retire du litre 2 cl de gras. Quel est le pourcentage de gras dans le reste du litre?

12. Un joueur de baseball d'une ligue mineure a frappé jusqu'à maintenant 30 coups sûrs en 50 présences. Changera-t-il sa moyenne si ce soir il frappe 3 coups sûrs en 5 présences? Explique ta réponse par une propriété des proportions.

13. Un éleveur de lapins possède 5 mâles et 40 femelles. Il fait l'acquisition d'un nouveau mâle de reproduction. À combien doit-il porter le nombre de femelles pour conserver le rapport initial mâles/femelles? Justifie ta réponse en utilisant les propriétés des proportions.

Le lapin est un petit mammifère très prolifique qu'on retrouve un peu partout sur le globe.

14. Les similitudes assurent la congruence des angles homologues et la proportionnalité des côtés. De même, **la congruence des angles homologues et la proportionnalité des côtés assurent la similitude des figures.** En utilisant cet énoncé, indique si les figures données sont semblables ou non.

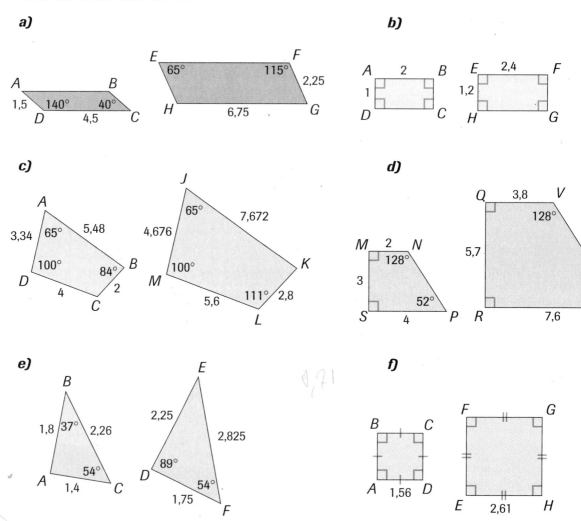

a)

b)

c)

d)

e)

f)

15. En comparant des figures semblables, on peut déduire des mesures manquantes.
Sachant que les figures ci-dessous sont semblables, déduis les mesures qui correspondent au point d'interrogation.

a)

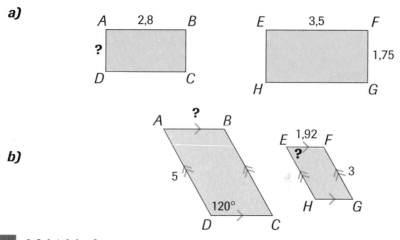

b)

c)

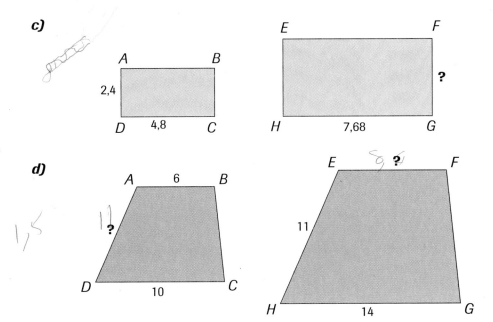

d)

16. La similitude assure la **proportionnalité de toutes les lignes homologues.** En te basant sur cet énoncé, déduis la mesure demandée dans ces paires de figures semblables.

a) Mesure de la diagonale *DB* du rectangle *ABCD*.

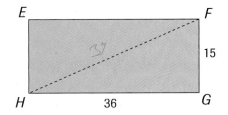

b) Hauteur *EK* du parallélogramme *EFGH*.

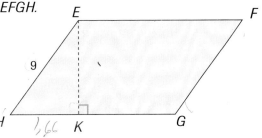

c) Mesure de la médiane *EH* du ΔEFG.

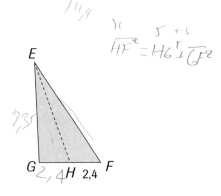

17. Deux photos de 8 cm x 10 cm et de 5 cm x 7 cm sont-elles semblables?

18. Les cartes topographiques utilisées par les militaires sont à l'échelle 1 : 50 000, c'est-à-dire que le rapport entre les figures sur la carte et les lieux réels qu'elles représentent est de 1/50 000.

a) Un tronçon de route a une longueur de 2,5 km. Quelle est la longueur du segment qui la représente sur une carte ayant l'échelle mentionnée ci-dessus?

b) Sur la carte, la distance entre les symboles représentant les églises de deux villages est de 13 cm. Quelle est la distance réelle entre les deux églises?

19. Voici quatre rectangles reposant sur une base horizontale. On a tracé une diagonale de chacun.

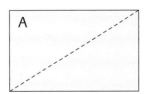 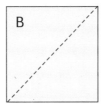 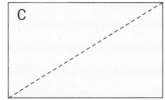

a) Quels sont les deux rectangles qui sont semblables?

b) Quelle caractéristique possèdent les diagonales des deux rectangles semblables?

FORUM

a) Les deux rectangles formant l'extérieur et l'intérieur d'un cadre sont-ils semblables? Justifiez votre réponse.

b) Les côtés de deux losanges quelconques sont-ils toujours proportionnels?

c) Deux losanges quelconques sont-ils toujours semblables? Justifiez votre réponse.

La Grande Muraille de Chine s'étire sur quelque 2400 km. Le mur original a été érigé au IIIe s. av. J.-C.

LES SOLIDES SEMBLABLES

SOLIDES ISOMÉTRIQUES

Un monde à trois dimensions

Activité 1 : Une ville à construire

Ces figures représentées dans un plan sont les fondations des édifices d'une ville.

En introduisant une nouvelle dimension, on crée des figures de l'espace à trois dimensions. Ainsi, une ville est née.

La ville peut aussi être souterraine.

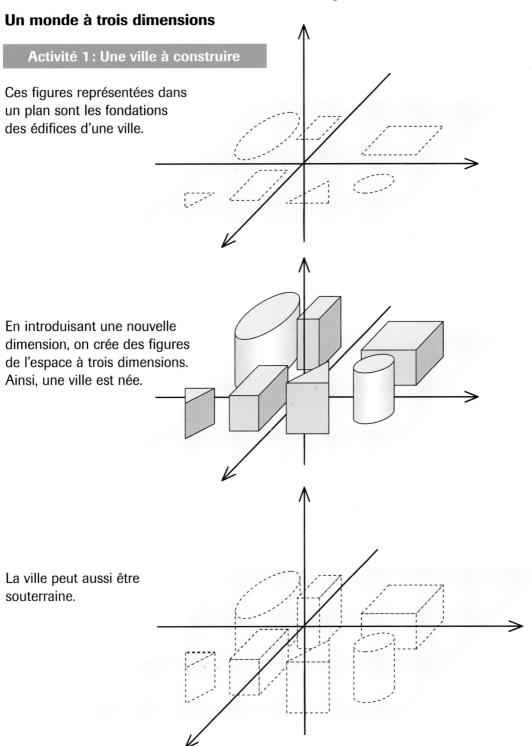

Il est possible de repérer et de représenter des figures dans cet espace. Ainsi, en introduisant un troisième axe, on détermine trois plans qui partagent l'espace en huit parties. Chacune de ces parties est un **octant.**

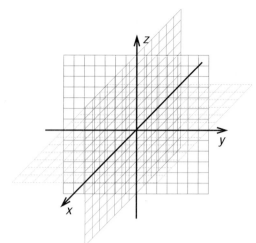

Chaque point de l'espace peut être repéré à l'aide de trois nombres.

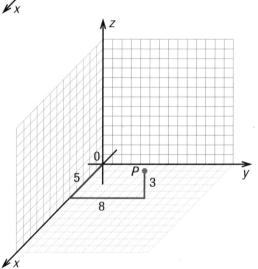

Ainsi, P a comme coordonnées (5, 8, 3) : on avance alors de cinq unités sur l'axe des x ; puis, on se déplace de huit unités parallèlement à l'axe des y ; enfin, on s'élève de trois unités parallèlement à l'axe des z.

Pour un point de l'espace :

- l'**abscisse** correspond à une valeur de **l'axe des x** ;

- l'**ordonnée** correspond à une valeur de **l'axe des y** ;

- la **cote** correspond à une valeur de **l'axe des z**.

On connaît les transformations du plan. De la même façon, on peut imaginer des transformations de l'espace à trois dimensions. Certaines ne conservent pas la distance entre les points. D'autres la conservent : ce sont les **isométries.**

a) Dans chaque cas, on présente un solide et son image par une transformation dans l'espace. Détermine les transformations qui sont des isométries.

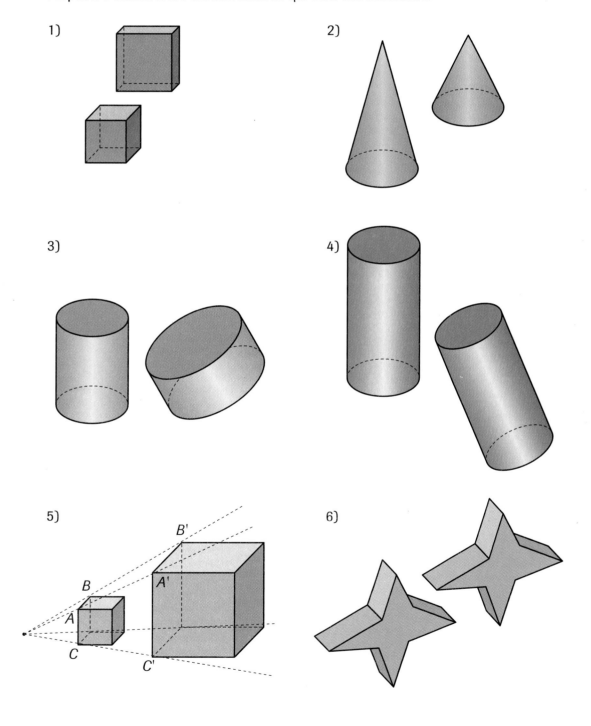

1)

2)

3)

4)

5)

6)

_b)_ Quel type d'isométrie associe les deux solides donnés dans l'espace ?

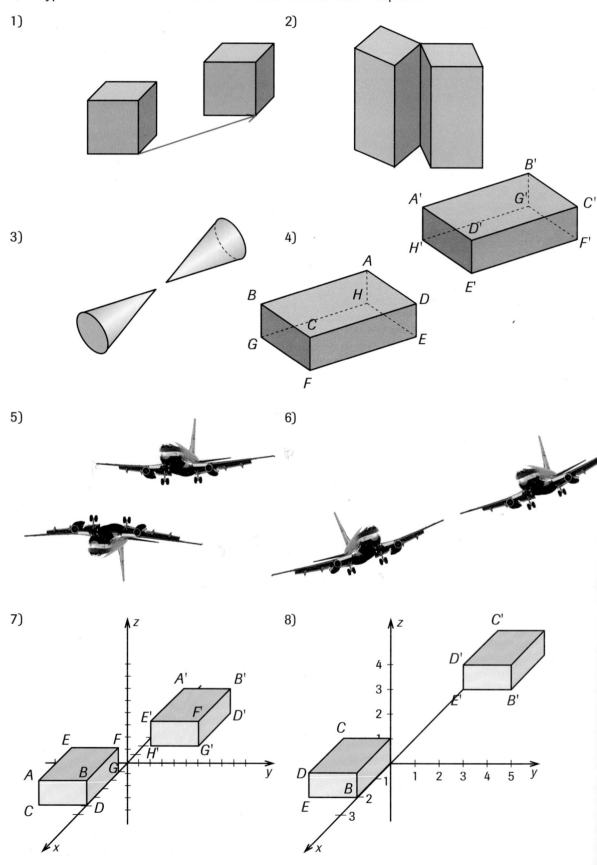

1)

2)

3)

4)

5)

6)

7)

8)

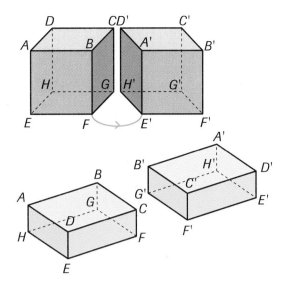

c) Analyse l'illustration et détermine si l'énoncé donné est vrai ou faux.

1) Une rotation dans l'espace est une rotation autour d'un axe.

2) Une réflexion dans l'espace est une réflexion par rapport à un plan.

d) Décris les mouvements qu'il faut effectuer pour porter le solide ① en position du solide ②, si cela est possible.

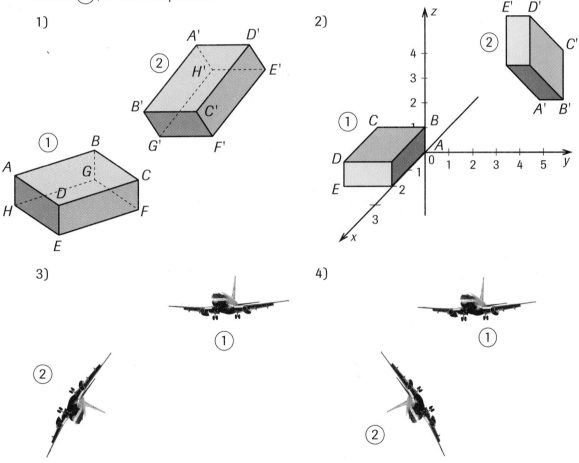

1)

2)

3)

4)

Toutes les transformations qui conservent les distances entre les points dans l'espace sont des **isométries.** Deux **solides** qui peuvent être mis en relation par une isométrie sont dits **isométriques.**

Les distances entre les points de l'espace étant conservées par les isométries, les **figures isométriques** ont nécessairement les **mêmes mesures** et particulièrement les mêmes **mesures d'arêtes,** la **même aire** pour chacune des faces homologues, la **même aire totale** et le **même volume.**

1. Décris les mouvements qui permettent de porter le solide ① à la position du solide ②.

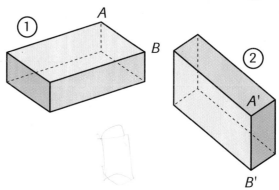

2. On effectue la réflexion du solide donné par rapport au plan de sa base. Dans chaque cas, décris le solide obtenu si l'on considère le solide initial et le solide image réunis :

    a) un cylindre ;   **b)** un prisme droit ;   **c)** une demi-boule.

3. Quelle définition peut-on proposer pour deux solides isométriques ?

4. Quelles informations peut-on tirer du fait que deux solides sont isométriques ?

5. Dans la figure ci-contre, l'image du point A par une translation est le point $(1, 1, 1)$.

    a) Quelles sont les coordonnées de l'image de B par cette translation ?

    b) Quelle est l'aire totale de l'image de ce prisme ?

    c) Quel est le volume de l'image de ce prisme ?

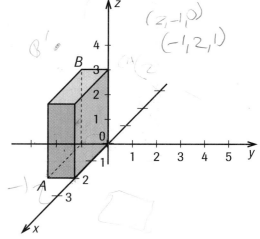

6. Trois cylindres sont isométriques. Le premier a un volume de 1000π cm³, et l'aire de la base du deuxième est de 200π cm². Quelle est la hauteur du troisième ? Justifie ta réponse.

7. Deux cônes isométriques ont respectivement une base dont l'aire est de 25π cm² et une hauteur de 10 cm. Quel est le volume de chacun ?

8. Deux pyramides droites à base carrée peuvent être mises en correspondance par une translation suivie d'une rotation suivie d'une réflexion. La hauteur de la première est de 12 cm. Le volume de la seconde est de 100 cm³.

    a) Quel est le périmètre de la base de la première pyramide ?

    b) Quelle est la mesure de l'apothème de la seconde pyramide ?

    c) Quelle est la mesure d'une arête latérale de la première pyramide ?

9. Vrai ou faux?

a) Deux solides isométriques ont nécessairement la même forme.

b) De deux solides isométriques, celui qui a la plus grande hauteur a le plus grand volume.

10. Sur une tablette d'épicerie se trouvent deux boîtes de conserve: l'une est posée à l'envers. Décris une isométrie qui peut les mettre en correspondance.

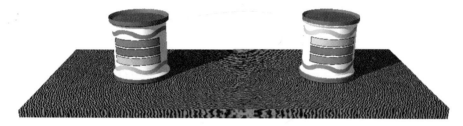

FORUM

a)

> On considère un prisme droit à base rectangulaire. On transforme ce solide de façon à diviser par deux sa hauteur mais à doubler sa largeur.

1) A-t-on modifié le volume du prisme?

2) Les deux solides sont-ils isométriques? Justifiez votre réponse.

b) On considère deux boules de même rayon dans l'espace. Combien d'isométries peuvent les mettre en correspondance dans cet espace? Justifiez votre réponse.

Des objets dans l'espace

On peut également parler de figures, d'objets ou de solides semblables dans l'espace.

a) Si un petit cornet coûte la moitié du prix d'un grand, doit-on penser que ses dimensions sont également diminuées de moitié ?

b) Exprime les caractéristiques géométriques que possèdent les deux cornets ci-contre.

FORMAT DE 2 $ FORMAT DE 1 $

On peut imaginer des **transformations de l'espace** en termes de reproduction, de réduction ou d'agrandissement de solides qui conservent les mesures d'angles et la proportionnalité des mesures des lignes homologues.

c) A-t-on doublé, quadruplé ou octuplé la petite tortue ?

d) Voici deux solides dans l'espace.

1) Évalue les dimensions de chacun.

2) Détermine le rapport d'homothétie qui les associe.

Semblable

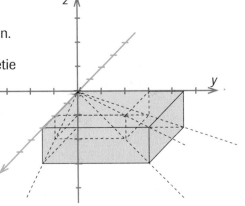

3
4,5
1,5

Comme on le fait dans le plan, il est possible de définir dans l'**espace** à trois dimensions des isométries, des homothéties ou des composées d'isométries et d'homothéties qui, par rapport aux solides, conservent **les mesures des angles** et la **proportionnalité des mesures** de leurs lignes homologues. Deux solides associés par de telles transformations constituent des **solides semblables.**

INVESTISSEMENT 4 ▶ ▶ ▶ ▶ ▶ ▶

1. Trace l'image du solide donné par la transformation décrite.

   a) Translation correspondant au triplet (2, 5, 1). **b)** Rotation de 180° autour de l'axe des z.

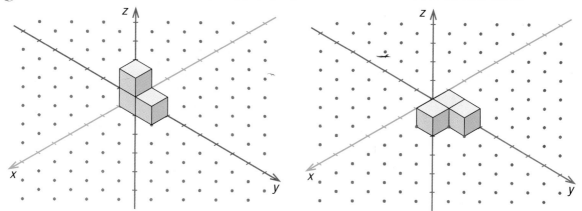

   c) Homothétie de centre (0, 0, 0) et de rapport 2.

   d) Homothétie h de centre (0, 0, 0) et de rapport ⁻3, suivie de la translation $t_{(2, -5, -1)}$.

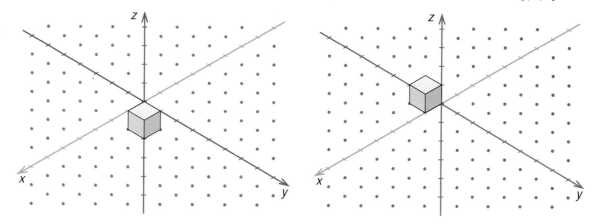

2. On a tracé l'image du solide ① par une transformation dans l'espace. Trace l'image du solide ② par la même transformation.

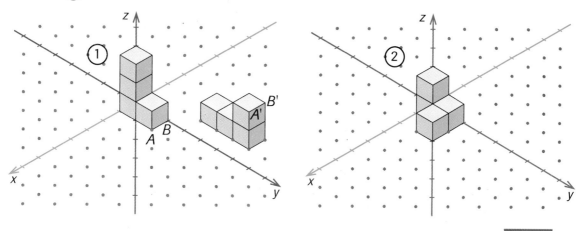

3. On a représenté deux objets à trois dimensions sur un même plan de base. Détermine si ces objets sont semblables. Si oui, identifie une transformation ou une composée qui peut les associer.

a)

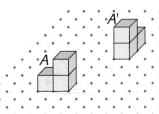

b)

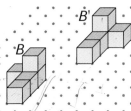

c)

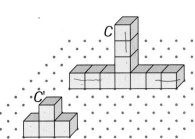

d)

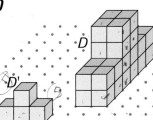

e)

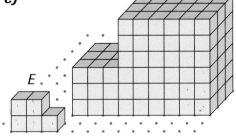

f)

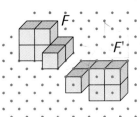

4. On donne des solides semblables. Détermine le rapport demandé.

a) Rapport des hauteurs.

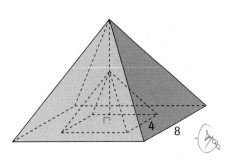

b) Rapport des diamètres.

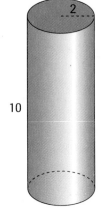

5. Ces trois cônes sont-ils semblables?
Justifie ta réponse.

  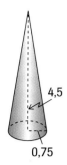

6. On coupe une pyramide à l'aide d'un plan parallèle au plan de la base. La pyramide obtenue est-elle semblable à la pyramide initiale? Justifie ta réponse.

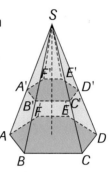

7. Vrai ou faux?

a) Tous les cubes sont semblables entre eux.

b) Toutes les sphères ou toutes les boules sont semblables entre elles.

c) Toutes les pyramides régulières à base carrée sont semblables entre elles.

8. À partir du premier cône, décris comment, à l'aide de transformations, on peut obtenir le deuxième.

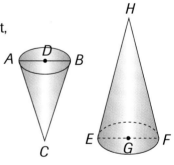

9. À ton avis, ces deux solides sont-ils semblables? Justifie ta réponse.

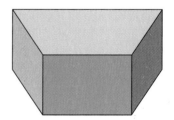 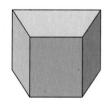

FORUM

Que pensez-vous des affirmations suivantes?

a) Tout plan qui sectionne un cône ou une pyramide parallèlement à la base engendre un cône ou une pyramide semblable au cône ou à la pyramide de départ.

b) Il existe une infinité de façons de sectionner un cube par un plan de façon à obtenir deux solides semblables.

CONDITIONS MINIMALES DE SIMILITUDE DES TRIANGLES

On sait que les liens entre les angles et les côtés d'un triangle sont très forts. Peut-être n'est-il pas nécessaire, avec deux triangles, de vérifier la **congruence de tous les angles** et la **proportionnalité des mesures des côtés** avant de conclure qu'ils sont semblables. Peut-être existe-t-il des **conditions minimales** sur la similitude des triangles.

Exploration :

À l'aide d'un logiciel de géométrie ou d'instruments de géométrie :

a) Construis deux triangles ayant des angles homologues de 50°, 60° et 70°. Les deux triangles ont-ils la même forme ? Sont-ils semblables ?

b) Construis deux triangles ayant chacun un angle de 40° formé par des côtés mesurant 3 cm et 4 cm pour le premier, et 6 cm et 8 cm pour le second. On obtient ainsi une paire d'angles congrus formés par des côtés dont les mesures sont proportionnelles.

1) Prends les mesures nécessaires et vérifie si les deux triangles ont tous leurs angles congrus et toutes leurs mesures de côtés homologues proportionnelles.

2) Les deux triangles ont-ils la même forme ? Sont-ils semblables ?

c) Construis deux triangles ayant des côtés de 3 cm, 4 cm et 5 cm pour le premier et 4,5 cm, 6 cm et 7,5 cm pour le second. Les deux triangles ont ainsi des mesures de côtés homologues proportionnelles.

    1) Mesure leurs angles homologues et détermine s'ils sont congrus.

    2) Les deux triangles ont-ils la même forme ? Sont-ils semblables ?

d) Quelles conjectures les constructions précédentes t'incitent-elles à formuler ?

e) Marilla prétend que :

> La congruence de deux paires d'angles est suffisante pour entraîner la similitude de deux triangles.

A-t-elle raison ? Justifie ta réponse.

f) Érika prétend que :

> La proportionnalité de deux paires de côtés homologues est suffisante pour entraîner la similitude de deux triangles.

A-t-elle raison ? Justifie ta réponse.

Expérimentalement, seulement trois des conjectures formulées peuvent être vérifiées. Elles constituent des énoncés importants et on leur donne le nom de **conditions minimales** de similitude des triangles. On les utilise pour s'assurer de la similitude de deux triangles ou pour montrer la véracité d'autres énoncés sur la similitude. On les désigne par les symboles **AA, CAC** et **CCC**.

g) Énonce au long les conditions minimales de similitude des triangles.

Outre les trois conditions minimales de similitude des triangles, on retient trois autres énoncés concernant la similitude des triangles.

a) Voici le premier de ces énoncés. Complètes-en la démonstration.

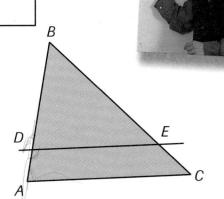

Énoncé :

> **Toute droite sécante à deux côtés d'un triangle et parallèle au troisième côté forme un triangle semblable au premier.**

Hypothèses : DE est sécante à $\overline{AB}$ et $\overline{CB}$; DE est parallèle à $\overline{AC}$.

Conclusion : $\triangle DBE \sim \triangle ABC$.

Affirmations	Justifications
1° On a : $\angle B \cong \angle B$.	1° Car $\angle B$ est ▬▬▬.
2° De plus : $\angle D \cong \angle A$.	2° Car les angles correspondants…
3° Donc, $\triangle DBE \sim \triangle ABC$.	3° Puisque AA.

L'énoncé suivant est une conséquence importante de l'énoncé que l'on vient de voir.

Des parallèles qui coupent des sécantes déterminent des segments de longueurs proportionnelles.

b) Dans la figure ci-contre, $AD \mathbin{/\mkern-5mu/} BE \mathbin{/\mkern-5mu/} CF$ et AC et DF sont deux sécantes. Quelle conclusion ce dernier énoncé permet-il de formuler ?

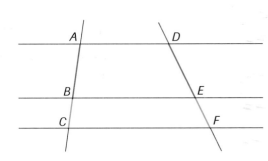

c) Cependant, on n'a pas $\dfrac{\text{m } \overline{AB}}{\text{m } \overline{BC}} = \dfrac{\text{m } \overline{BE}}{\text{m } \overline{CF}}$.

Construis trois parallèles et deux sécantes pour lesquelles cela devient évident.

d) Voici un autre énoncé intéressant sur la similitude des triangles.
Complètes-en la démonstration.

Énoncé: | **Tout segment joignant les points milieux de deux côtés d'un triangle est parallèle au troisième côté et sa mesure égale la moitié de celle de ce troisième côté.**

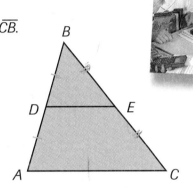

Hypothèse: D et E sont les points milieux de $\overline{AB}$ et $\overline{CB}$.

Conclusions: $\overline{DE}$ // $\overline{AC}$;

$\quad\quad\quad\quad$ m $\overline{DE} = \frac{1}{2} \times$ m $\overline{AC}$.

Affirmations	Justifications
1° On a : $\angle B \cong \angle B$; $\dfrac{\text{m } \overline{BD}}{\text{m } \overline{BA}} = \dfrac{\text{m } \overline{BE}}{\text{m } \overline{BC}} = \dfrac{1}{2}$.	1° Puisque : $\angle B$ est ▬▬▬; D et E sont des points ▬▬▬.
2° Donc : $\triangle DBE \sim \triangle ABC$.	2° Puisque CAC.
3° On a donc : $\angle D \cong \angle A$.	3° Dans les triangles semblables, les angles homologues…
4° Par conséquent, $\overline{DE}$ // $\overline{AC}$.	4° Deux angles correspondants congrus sont formés…
5° De plus : $\dfrac{\text{m } \overline{DE}}{\text{m } \overline{AC}} = \dfrac{1}{2} = \dfrac{\text{m } \overline{BD}}{\text{m } \overline{BA}} = \dfrac{\text{m } \overline{BE}}{\text{m } \overline{BC}}$.	5° Dans les triangles semblables, les mesures des côtés…
6° D'où m $\overline{DE} = \frac{1}{2} \times$ m $\overline{AC}$.	6° Règle de transformation des équations par multiplication.

Outre les conditions minimales et ces trois énoncés, il existe plusieurs autres énoncés sur la similitude. Tous ces énoncés facilitent la résolution de problèmes pratiques.

1. Dans chacun des cas, détermine si les triangles sont semblables.

a)

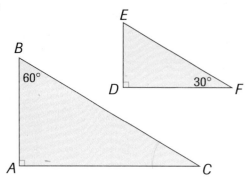

b)

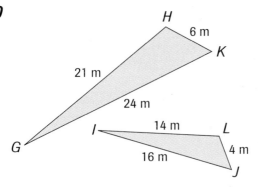

c)

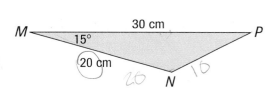

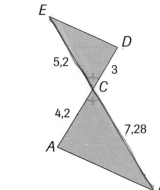

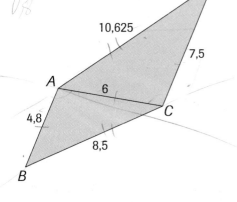

2. Construis deux triangles isocèles semblables dont le rapport de similitude est 3 : 2.

3. Détermine la condition minimale (AA, CAC, CCC) qui permet d'affirmer que les triangles donnés sont semblables.

a)

b)

c) △ ABC ~ △ BDC

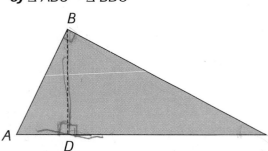

d)

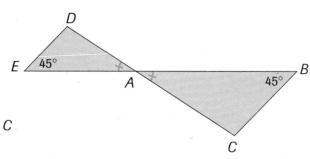

4. Énonce la condition minimale qui permet d'affirmer que les triangles sont semblables.

a)

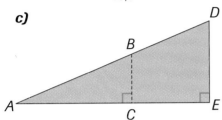

b)

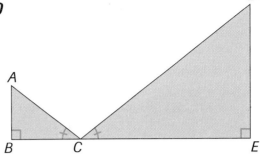

c)

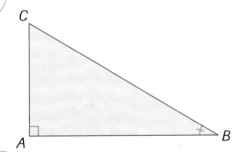

5. Démontre que deux triangles rectangles qui ont un angle aigu congru sont semblables.

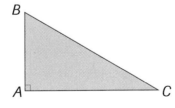

6. On sait que «tout segment joignant les points milieux de deux côtés d'un triangle est parallèle au troisième côté et sa mesure égale la moitié de celle de ce troisième côté». Si le segment joint les points situés au quart des deux côtés, cela veut-il dire que sa mesure est le quart de la mesure du troisième côté? Justifie ta réponse.

7. Démontre que deux triangles rectangles dont les cathètes sont proportionnelles sont semblables.

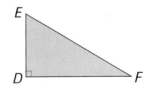

8. On sait que «des parallèles qui coupent des sécantes déterminent des segments de longueurs proportionnelles».

a) Cela signifie-t-il qu'une parallèle à un côté d'un triangle engendre sur les autres côtés des segments dont les mesures sont proportionnelles $(\frac{n}{m} = \frac{p}{q})$? Justifie ta réponse.

b) Peut-on conclure que $\frac{n}{m} = \frac{\text{m } \overline{DE}}{\text{m } \overline{BC}}$?

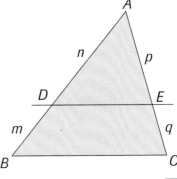

9. Sur l'hypoténuse d'un triangle rectangle *ABC* dont les cathètes mesurent 12 cm et 16 cm, on a construit un second triangle rectangle *ACD* dont la cathète *DC* mesure 15 cm. Démontre, à l'aide d'une condition minimale, que les deux triangles sont semblables.

Hypothèses :   ...

Conclusion :   ...

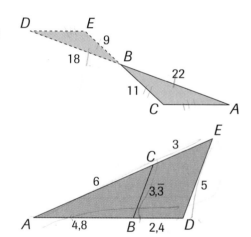

Affirmations	**Justifications**
1° On peut calculer m $\overline{AC}$: m $\overline{AC} =$ ▆▆▆.	1° Dans les triangles rectangles, le carré de l'hypoténuse...
2° On a : $\angle ABC \cong \angle$ ▆▆▆ ; $\dfrac{m \overline{AB}}{m \overline{AC}} = \dfrac{▆▆▆}{▆▆▆}$.	2° ▆▆▆. Car le produit des extrêmes...
3° Donc : $\triangle ABC \sim \triangle ACD$.	3° À cause de la condition minimale ▆▆▆.

10. On a prolongé les côtés $\overline{AB}$ et $\overline{CB}$ du triangle *ABC* selon les mesures indiquées. Démontre que l'on a ainsi formé un triangle *DBE* semblable au triangle *ABC*.

11. Démontre que, dans la figure ci-contre, les triangles *ABC* et *ADE* sont semblables.

FORUM

a) Deux triangles isocèles qui ont un angle congru sont-ils toujours semblables ?

b) «Toute droite parallèle à un côté d'un triangle forme un triangle semblable au premier.» Démontrez cet énoncé si la parallèle coupe les prolongements de deux côtés du triangle.

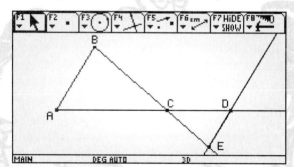

À PROPOS DES MESURES DE FIGURES SEMBLABLES

MESURES DES ÉLÉMENTS HOMOLOGUES

MESURES DES ÉLÉMENTS HOMOLOGUES
PÉRIMÈTRES ET AIRES DES FIGURES SEMBLABLES
VOLUMES DES SOLIDES SEMBLABLES

La hauteur de la pyramide de Khéops

Après avoir traversé la Perse, Thalès de Milet arrive en Égypte et visite les pyramides. Il n'a jamais rien vu d'aussi majestueux. Il est fasciné par la pyramide blanchâtre qui s'élève dans le ciel brillant. Retrouvons-le quelque 600 ans avant Jésus-Christ en discussion avec l'un des guides des lieux.

Retrouvons-les près de la pyramide du côté de l'ombrage.

$$\frac{\text{Hauteur de Thalès}}{\text{Longueur de l'ombrage de Thalès}} = \frac{\text{Hauteur de la pyramide (inconnue)}}{\text{Longueur de l'ombrage de la pyramide}}$$

$$\frac{4 \text{ coudées}}{3,5 \text{ coudées}} = \frac{x}{(259 + 28) \text{ coudées}}$$

La hauteur de la pyramide est donc de 328 coudées!

a) Décris les triangles semblables qu'a imaginés Thalès.

b) Explique les calculs qu'a faits Thalès pour déterminer la hauteur de la pyramide.

c) Si une coudée mesure 0,4416 m, détermine, en mètres, la hauteur de la pyramide à l'époque de Thalès.

La longueur de la lame

Un catalogue montre une scie et fait état de certaines dimensions. Malheureusement, le dernier utilisateur du catalogue a laissé une tache qui cache l'une des dimensions.

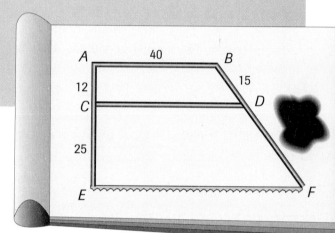

a) Peut-on calculer la dimension cachée à partir des autres ? Si oui, calcule-la.

b) On désire avoir des lames de rechange. Peut-on, avec les données fournies, calculer la longueur de la lame ? Si oui, comment ?

Il est possible de poser une proportion à partir des mesures des côtés de triangles semblables ou des mesures de segments compris entre des parallèles. Cependant, les rapports dans la première proportion ne sont pas équivalents aux rapports dans la seconde.

Une fois la bonne proportion posée, les propriétés des proportions et les règles de transformation des équations permettent le calcul de la mesure recherchée.

Le même raisonnement s'applique lorsque la proportion provient des mesures des segments compris entre trois parallèles qui coupent deux sécantes.

INVESTISSEMENT 6 ▶ ▶ ▶ ▶ ▶ ▶

1. Sachant que $\overline{ED}$ est parallèle à $\overline{AC}$, détermine la mesure de $\overline{EB}$.

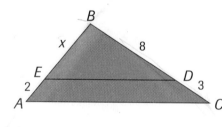

2. On prolonge les côtés AB et AC du triangle ABC de sorte que DE est parallèle à $\overline{BC}$. Détermine la mesure de $\overline{DE}$.

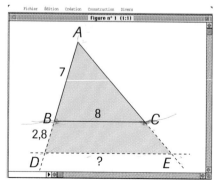

3. Dans la figure ci-contre, $\overline{DE}$ est parallèle à $\overline{AC}$.
Détermine la mesure de $\overline{DE}$.

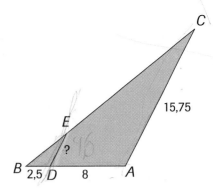

4. Dans chacun des cas ci-dessous, on a des droites parallèles qui coupent deux sécantes.
Détermine la mesure demandée.

a)

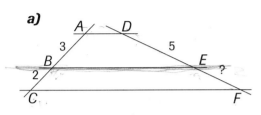

b)

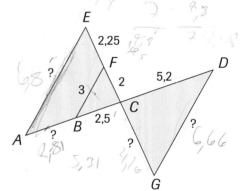

5. Dans la figure ci-contre, $\overline{AD}$ et $\overline{EG}$ se rencontrent
en C. De plus, $\overline{AE}$ est parallèle à $\overline{BF}$ et $\overline{BF}$
est parallèle à $\overline{GD}$. Détermine les mesures
recherchées à partir de celles qui sont fournies.

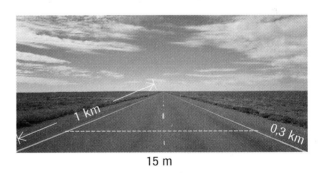

6. Voici l'illustration en perspective linéaire
d'une route sur 1 km.

a) Quelle est la largeur réelle de la
route 0,3 km plus loin?

b) Quelle est la largeur apparente
de la route 0,3 km plus loin?

7. Voici des paires de solides semblables. Détermine la hauteur du second à partir des
données fournies.

a)

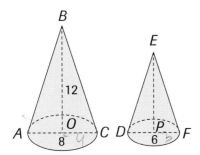

b)

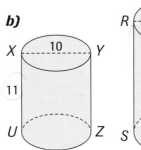

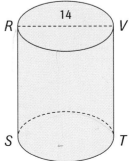

8. Les triangles semblables sont particulièrement utiles dans les techniques de mesurage indirect. Trouve la mesure cherchée dans chaque cas.

a) La hauteur de la tour.

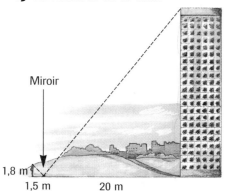

Miroir

1,8 m

1,5 m   20 m

b) La hauteur de la hampe du drapeau.

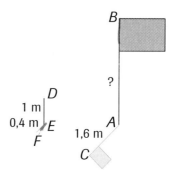

B

?

D
1 m
0,4 m E
         F A
              1,6 m
         C

 FORUM

a) Expliquez comment on peut utiliser l'eau ou la masse des objets pour évaluer leur volume.

b) On a retrouvé au Soudan des pyramides construites il y a plus de 2200 ans et qui ont subi l'usure du temps. L'une d'elles a la forme illustrée ci-contre. Expliquez comment, à l'aide de triangles semblables, vous pourriez calculer la hauteur qu'avait cette pyramide au moment où elle a été construite.

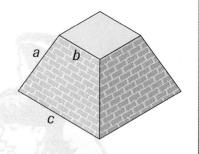

a b

c

PÉRIMÈTRES ET AIRES DES FIGURES SEMBLABLES

Activité 1 : Rapport de périmètres et rapport d'aires

a) Voici des figures construites à l'aide de tuiles et dont on a doublé ou triplé les dimensions. Dans chaque cas, calcule les rapports des dimensions, des périmètres et des aires. Émets une conjecture à ce sujet.

1)
A
B

2)
A
C

3)
D
E

4)
D
F

b) On a défini deux homothéties sur des figures du plan. Dans chaque cas, détermine :

1) le rapport d'homothétie ;   2) le rapport de similitude ;

3) le rapport des périmètres ;   4) le rapport des aires.

Cas 1 :

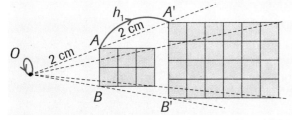

Cas 2 :

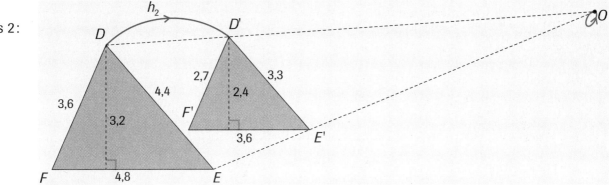

c) Émets deux conjectures à propos du rapport des périmètres et du rapport des aires de figures semblables.

d) Voici la preuve de la première de ces conjectures. Complète-la.

Énoncé : Les périmètres de figures semblables sont dans le même rapport que les mesures de deux côtés homologues.

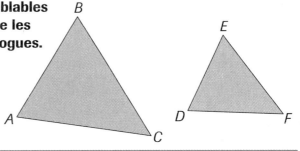

Hypothèse : $\triangle ABC \sim \triangle DEF$.

Conclusion : $\dfrac{P_1}{P_2} = \dfrac{\text{m } \overline{AB}}{\text{m } \overline{DE}}$.

Affirmations	Justifications
1° On a : $\dfrac{\text{m } \overline{AB}}{\text{m } \overline{DE}} = \dfrac{\text{m } \overline{BC}}{\text{m } \overline{EF}} = \dfrac{\text{m } \overline{CA}}{\text{m } \overline{FD}}$.	1° Car les figures sont semblables et, dans les figures semblables, les côtés homologues sont ▬▬.
2° On a : $\dfrac{\text{m } \overline{AB} + \text{m } \overline{BC} + \text{m } \overline{CA}}{\text{m } \overline{DE} + \text{m } \overline{EF} + \text{m } \overline{FD}} = \dfrac{\text{m } \overline{AB}}{\text{m } \overline{DE}}$.	2° Dans une proportion, la somme des...
3° Donc : $\dfrac{P_1}{P_2} = \dfrac{\text{m } \overline{AB}}{\text{m } \overline{DE}}$.	3° Le périmètre d'une figure est la ▬▬ des mesures de ses côtés.

On a fait ici la démonstration avec des triangles semblables. On aurait pu la faire avec tout autre type de figures semblables.

e) Voici la preuve de la seconde conjecture. Complète-la.

Énoncé : **Les aires de figures semblables sont dans le même rapport que le carré du rapport des mesures des côtés.**

Hypothèse : $\triangle ABC \sim \triangle DEF.$

Conclusion : $\dfrac{A_1}{A_2} = \left(\dfrac{\text{m } \overline{AB}}{\text{m } \overline{DE}}\right)^2.$

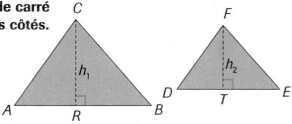

Affirmations	Justifications
1° On a : $\dfrac{\text{m } \overline{AB}}{\text{m } \overline{DE}} = \dfrac{\text{m } \overline{BC}}{\text{m } EF} = \dfrac{\text{m } \overline{CA}}{\text{m } FD} = \dfrac{h_1}{h_2}.$	1° Car les figures sont semblables et, dans les figures semblables, toutes les lignes homologues sont ▬▬▬.
2° On a : $A_1 = \dfrac{\text{m } \overline{AB} \times h_1}{2}$ et $A_2 = \dfrac{\text{m } \overline{DE} \times h_2}{2}.$	2° D'après la formule de l'aire d'un ▬▬▬.
3° Le rapport des aires est :	3°
$\dfrac{A_1}{A_2} = \dfrac{\dfrac{\text{m } \overline{AB} \times h_1}{2}}{\dfrac{\text{m } \overline{DE} \times h_2}{2}} = \dfrac{\text{m } \overline{AB} \times h_1}{\text{m } \overline{DE} \times h_2}$ ou	Par simplification.
$\dfrac{A_1}{A_2} = \dfrac{\text{m } \overline{AB} \times h_1}{\text{m } \overline{DE} \times h_2} = \dfrac{\text{m } \overline{AB}}{\text{m } \overline{DE}} \times \dfrac{h_1}{h_2}$ ou	Par définition de la multiplication de fractions.
$\dfrac{A_1}{A_2} = \dfrac{\text{m } \overline{AB}}{\text{m } \overline{DE}} \times \dfrac{\text{m } \overline{AB}}{\text{m } \overline{DE}} = \left(\dfrac{\text{m } \overline{AB}}{\text{m } \overline{DE}}\right)^2$	Par substitution d'un rapport égal.

La démonstration a été faite ici avec des triangles semblables. On pourrait montrer qu'il en est ainsi pour tout autre type de figures semblables.

VOLUMES DES SOLIDES SEMBLABLES

Activité 1 : Squelettes de solides

Voici trois squelettes de solides obtenus en doublant les dimensions du squelette précédent.

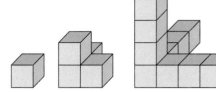

a) Indique combien de cubes comptera chaque solide si on complète le squelette afin d'obtenir un prisme droit.

b) Quel est le rapport des volumes d'un solide à l'autre ?

c) Quel serait ce rapport si l'on triplait les dimensions de chaque solide ? si on les quadruplait ?

Les principaux solides se partagent en deux grandes catégories pour le calcul de leur volume.

Solides	Volume
Prismes et cylindres	Volume = (aire de la base) × (hauteur)
Pyramides, cônes et boules	Volume = $\frac{1}{3}$ (aire de la base) × (hauteur)

En utilisant la formule générale du calcul du volume, montre que le rapport des volumes de deux solides semblables est nécessairement le cube du rapport de similitude.

INVESTISSEMENT 7   ▶ ▶ ▶ ▶ ▶ ▶

1. On donne des paires de figures semblables. Détermine le rapport des hauteurs homologues, des périmètres et des aires.

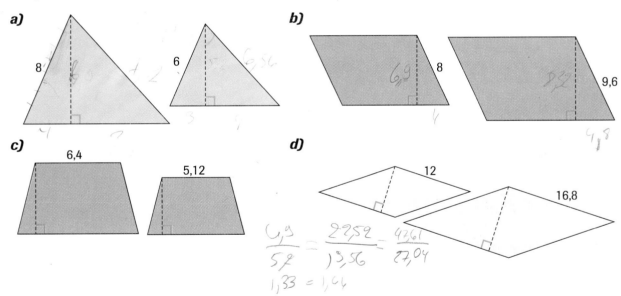

a)

b)

c)   6,4   5,12

d)

2. Deux photos d'un chanteur populaire sont semblables. La première mesure 15 cm de hauteur et la seconde, 40 cm. Quel est le rapport des aires de ces deux reproductions?

3. Le rapport des aires des deux triangles semblables ci-contre est 0,64. Détermine la hauteur du second triangle.

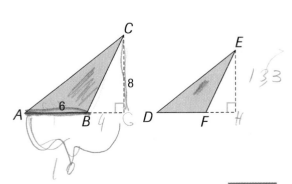

4. Détermine le rapport des hauteurs, des périmètres des bases, des aires des faces latérales et des volumes des solides semblables donnés.

a)

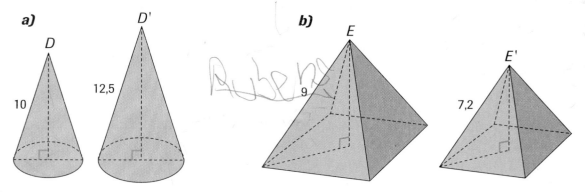

b)

5. On donne des figures semblables. À partir des mesures de côtés indiquées, détermine le périmètre demandé.

a) Quadrilatère *EFGH*.

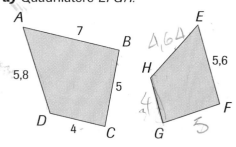

b) △ *ABC* et △ *DEF*.

6. Le rapport de similitude entre deux parallélogrammes semblables est 5/4. Les côtés du parallélogramme initial mesurent 10 cm et 15 cm. Quel est le périmètre du parallélogramme image ?

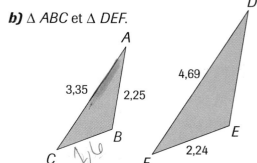

7. Les deux triangles ci-contre sont semblables et le rapport des mesures de leurs côtés est 2/3. Le périmètre du plus grand est 51 cm. Détermine les mesures inconnues des côtés des triangles.

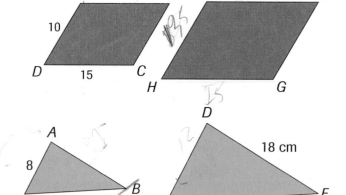

8. Détermine le rapport des aires de deux figures semblables si le rapport de similitude est :

a) $\frac{2}{5}$ **b)** $\frac{9}{5}$ **c)** 1 **d)** $\frac{8}{7}$

9. Les dimensions de deux planchers rectangulaires semblables sont dans le rapport 3/5. S'il en a coûté 125 $ pour recouvrir d'une moquette le plus petit, combien devrait-il en coûter pour recouvrir le second d'une moquette de même qualité ?

10. Le rapport des aires de deux jardins rectangulaires semblables est de 25/81. Quelle est la longueur du plus petit si celle du plus grand est 12 m ?

11.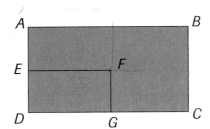

L'aire du rectangle *ABCD* est 72 m². Les points *E* et *G* sont les points milieux des côtés *AD* et *CD*. Quelle est l'aire du rectangle *EFGD*?

12. Les deux cônes ci-contre sont semblables et le rapport de leurs aires latérales est 9/25.

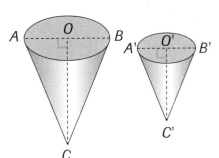

a) Quel est le rapport des aires de leurs bases?

b) Quel est le diamètre du plus petit si le rayon du grand est de 8 dm?

c) Quel est le rapport de leurs hauteurs?

d) Quel est le rapport de leurs volumes?

13. Voici deux prismes semblables. Détermine le volume du plus grand à partir des mesures données.

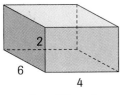
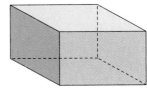

$A_t = 88$ cm² $A_t = 126,72$ cm²

14. Voici deux cylindres semblables. Détermine le rayon et l'aire totale du plus petit à partir des mesures fournies.

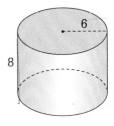
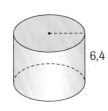

15. Quel est le rapport :

a) des aires de ces deux sphères?

b) des volumes de ces deux boules?

16. Imagine un cube de 4 cm de côté évidé d'un cube de 2 cm de côté. Quel est le rapport du volume du solide restant à celui du cube initial?

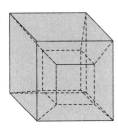

17. Un verre est de forme conique. Quel est le rapport entre la quantité de liquide contenu dans le verre lorsque la hauteur de ce liquide est de 2,5 cm et lorsqu'elle est de 6 cm ?

18. Des jeunes participent au carnaval d'hiver. Ils construisent un monument de glace représentant le centre de loisirs qu'ils fréquentent. La construction est à l'échelle de 1 : 12. Ils utilisent 3000 l de glace pour réaliser leur œuvre. Combien faudrait-il de litres de glace pour faire une reproduction :

a) grandeur nature ?

b) à l'échelle 1 : 10 ?

19. Un cône et un cylindre ont tous deux une hauteur de 10 cm. Le rayon de leur base mesure 6 cm. Si l'on double ces dimensions :

a) Quel solide subit la plus forte augmentation de volume ?

b) Pour quel solide le rapport du volume initial au volume final est-il le plus grand ?

 FORUM

a) En faisant tourner un rectangle autour de l'un de ses côtés, on engendre deux solides.

   1) Ces solides sont-ils semblables ? Justifiez votre réponse.

   2) Quel est le rapport de leurs volumes ?

b) Quelles caractéristiques doit avoir un rectangle pour engendrer de cette façon des solides semblables ?

Les **similitudes** définissent des **figures semblables.** La notion de similitude peut être prolongée dans un espace à trois dimensions pour définir des **solides semblables.**

Les figures semblables ou les solides semblables ont leurs **angles homologues congrus** et les **mesures de leurs côtés homologues** sont **proportionnelles.**

On peut vérifier que **deux figures sont semblables** en montrant l'existence d'une **similitude** ou en montrant que les deux figures ont des **angles homologues** et des **mesures de côtés homologues proportionnelles.**

Cependant, dans le cas de deux triangles, il n'est pas nécessaire de vérifier la congruence des trois paires d'angles homologues et la proportionnalité des trois paires de côtés homologues. Certaines conditions minimales assurent la similitude de deux triangles. Ce sont les suivantes:

- **Deux triangles qui ont deux angles homologues congrus sont semblables. (AA)**

- **Deux triangles dont les mesures des côtés homologues sont proportionnelles sont semblables. (CCC)**

- **Deux triangles possédant un angle congru compris entre des côtés homologues de longueurs proportionnelles sont semblables. (CAC)**

Les conditions minimales permettent de **prouver d'autres énoncés géométriques** très utiles et de **résoudre des problèmes.**

Les principaux énoncés sur la similitude sont les suivants:

- **Toute droite sécante à deux côtés d'un triangle et parallèle au troisième côté forme un triangle semblable au premier.**

- **Des parallèles qui coupent des sécantes déterminent des segments de longueurs proportionnelles.**

- **Le segment de droite qui joint le milieu de deux côtés d'un triangle est parallèle au troisième côté et sa mesure est la moitié de celle du troisième côté.**

La proportionnalité des mesures de côtés des figures semblables est utilisée pour calculer indirectement d'autres mesures: côtés, périmètres, aires, volumes...

Dans deux figures ou solides semblables:

- **Le rapport des mesures de deux côtés homologues est le rapport de similitude.**

- **Le rapport des périmètres est le rapport de similitude.**

- **Le rapport des aires de deux figures est le carré du rapport de similitude.**

- **Le rapport des volumes de deux solides est le cube du rapport de similitude.**

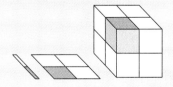

1 Voici une égalité entre deux rapports : $\frac{2}{3} = \frac{6}{9}$. Qu'a-t-on fait à cette proportion pour obtenir la proportion donnée ?

a) $\frac{9}{3} = \frac{6}{2}$
b) $\frac{3}{2} = \frac{9}{6}$
c) $\frac{5}{3} = \frac{15}{9}$
d) $\frac{8}{12} = \frac{6}{9}$

2 Vrai ou faux ?

a) Si $\frac{a}{b} = \frac{c}{d} = \frac{e}{f}$, alors $\frac{a+c+e}{b+d+f} = \frac{a}{b}$.

b) Si $\frac{a}{b} = \frac{c}{d} = \frac{e}{f}$, alors $af = be$.

c) Si $\frac{a}{b} = \frac{c}{d}$, alors $\frac{ac}{bd} = \frac{a}{b}$.

3 Vrai ou faux ?

a) $\frac{a}{b} + \frac{c}{d} = \frac{a+c}{b+d}$

b) $\frac{a}{b} \cdot \frac{b}{d} = \frac{a}{d}$

> Dans le but de comparer deux grandeurs, les Pythagoriciens avaient élaboré une théorie des rapports. Cette théorie ne s'appliquait toutefois qu'aux grandeurs commensurables, c'est-à-dire à des grandeurs dont le rapport s'exprime à l'aide de nombres entiers.

4 Effectue mentalement les opérations suivantes.

a) $\frac{4}{5} + \frac{3}{2}$
b) $\frac{4}{7} - \frac{1}{5}$

c) $\left(\frac{5}{6} - \frac{1}{2}\right) + \left(\frac{1}{4} + \frac{1}{3}\right)$
d) $\left(\frac{2}{3} - \frac{1}{4}\right) \div \left(\frac{1}{4} + \frac{1}{3}\right)$

5 Calcule mentalement les carrés ou les cubes suivants.

a) $0,1^2$
b) $0,4^2$
c) $0,2^3$
d) $\left(\frac{4}{5}\right)^3$

6 Estime la valeur de x dans les équations données.

a) $\frac{x}{24} = \frac{4}{9}$
b) $\frac{18}{x} = \frac{11}{30}$
c) $\frac{9}{x} = \frac{x}{36}$
d) $\frac{x+9}{x} = \frac{28}{17}$

7 Identifie des figures semblables et estime leur rapport de similitude.

a)

b)

Feuille de travail 16

8 Décris (centre, flèche, etc.) la similitude qui associe les figures semblables données.

a)

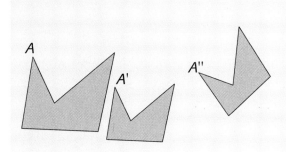

b)

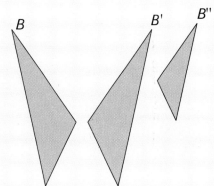

c)

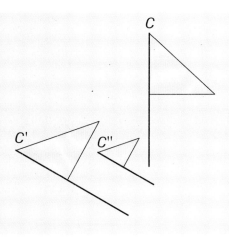

d)

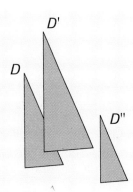

9 Trace l'image de la figure donnée par la similitude décrite.

a) $r \circ s$

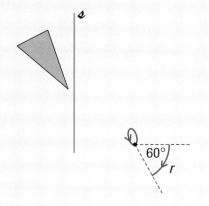

b) $h \circ sg$

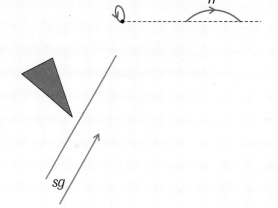

10 Sachant que les triangles *EAD* et *ABC* sont semblables, calcule m ∠*FAD*.

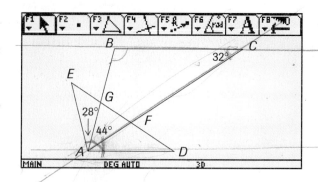

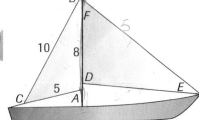

11 Les deux voiles d'un bateau sont semblables. On les a représentées ici avec certaines mesures : m $\overline{AB}$ = 8 m, m $\overline{BC}$ = 10 m et m $\overline{CA}$ = 5 m. Si m $\overline{BF}$ = m $\overline{AD}$ = 1 m, détermine les dimensions de la voile *DEF*.

12 Dans un cinéma, on projette un film de science fiction. Le film passe à 6 cm de la source lumineuse du projecteur et chaque image apparaît sur un écran géant situé à 24 m de la source lumineuse. Quelle est la hauteur à l'écran d'un dinosaure qui a une hauteur de 5 mm sur le film?

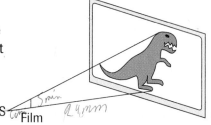

0,06 m
0,005 m

13 Éric veut estimer la hauteur de la tour Eiffel. Tout près, il observe qu'un lampadaire de 3 m de hauteur projette une ombre de 25 cm. À partir du centre de sa base, l'ombre de la tour est de 26 pas. Il estime que ses pas ont une longueur de 1 m. Suivant ces données, à combien peut-il estimer la hauteur de la tour?

14 Dans la figure ci-contre, $\overline{KM}$ et $\overline{JL}$ se rencontrent en *N* et m ∠ *K* = m ∠ *L*.
Déterminez la valeur de *x* et de *y*.

15 On doit construire une station de pompage sur le bord d'une rivière pour desservir les municipalités de Saint-Simon (*S*) et de Saint-Benjamin (*B*). La première est située à 9 km de la rivière et la seconde à 15 km. L'ingénieure qui a préparé le projet sait que les distances de l'usine aux municipalités sont minimales lorsque l'angle *APS* est congru à l'angle *DPB*. Quelle est la longueur des deux canalisations qu'on devra installer pour desservir ces deux municipalités en eau?

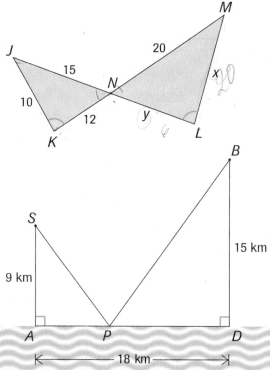

16 Une lame a la forme d'un trapèze. Elle est recouverte sur l'un de ses côtés parallèles d'une bande protectrice. Cette bande partage le côté *CD*, qui mesure 10 mm, dans le rapport 1:4. Quelle est la mesure de $\overline{AE}$ sachant que $\overline{AB}$ mesure 15 mm?

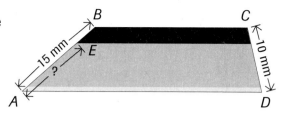

17 Calcule la mesure demandée.

a) La largeur du lac.

b) La hauteur de l'arbre.

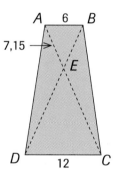

c) La largeur de la rivière.

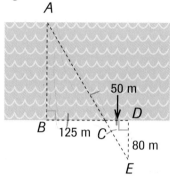

18 Le trapèze *ABCD* est isocèle et sa grande base est le double de sa petite base qui mesure 6 unités. Sachant que m $\overline{AE}$ = 7,15, détermine m $\overline{DB}$.

19 Voici deux trapèzes semblables. À partir des mesures données, trouve l'aire du grand trapèze.

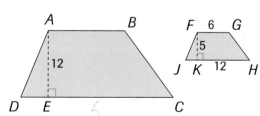

20 Un trapèze isocèle a une grande base de 18 cm et une petite base de 12 cm. Ses deux côtés non parallèles mesurent chacun 9 cm. Trouve le périmètre du triangle isocèle obtenu en prolongeant les côtés non parallèles.

21 Reproduis la figure ci-contre. Détermine deux positions pour le point *A* sur la droite *OD* afin que la droite *AB* engendre chaque fois un triangle semblable au triangle *COD*, le point *B* étant fixe.

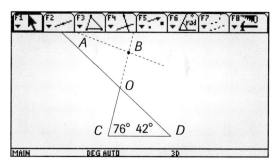

22 L'illustration ci-contre montre une partie d'une petite ville. Les rues sont toutes perpendiculaires à l'avenue des Cèdres. Sachant qu'entre la 1re Rue et la 4e Rue, le boulevard des Ormes mesure 400 m, détermine la longueur des trois sections de ce boulevard.

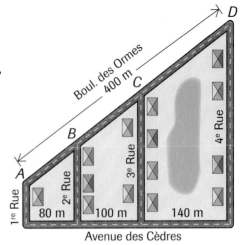

23 Détermine si les deux triangles décrits sont nécessairement semblables.

a) Deux triangles équilatéraux.   *b)* Deux triangles isocèles.

c) Deux triangles rectangles.   *d)* Deux triangles rectangles isocèles.

24 Un cube est l'image d'un autre cube par une rotation autour d'un axe. Détermine le rapport :

a) de leurs arêtes ;   *b)* de leurs aires totales ;

c) de leurs volumes.

25 Le rapport du rayon d'une boule *A* à celui d'une deuxième boule *B* est de 2,5. Le rapport du rayon de la boule *B* à celui d'une troisième boule *C* est de 1,6.

a) Quel est le rapport des aires de la boule *A* et de la boule *C* ?

b) Quel est le rapport des volumes de la boule *A* et de la boule *C* ?

26 Pour peindre le décor prévu d'une scène d'un film, un décorateur a estimé les dépenses à 4 000 $. Pour diminuer ces coûts, la productrice lui demande de réduire les dimensions de ce décor de 4 %. Quelle sera l'économie réalisée ?

27 On triple les hauteurs d'un cylindre et d'un cône.

a) Quel est le rapport des hauteurs du cylindre initial et du cylindre obtenu ?

b) Quel est le rapport des hauteurs du cône initial et du cône obtenu ?

c) Quel est le rapport des volumes du cylindre initial et du cylindre obtenu ?

d) Quel est le rapport des volumes du cône initial et du cône obtenu ?

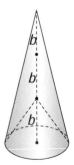

28 Les aires des bases de deux tétraèdres réguliers sont dans le rapport 0,49.

a) Quel est le rapport de leurs hauteurs?

b) Quel est le rapport de leurs volumes?

c) Quel est le rapport de la somme de leurs arêtes?

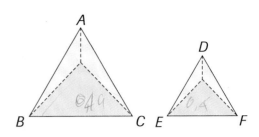

29 On offre un concentré dans deux types de bouteilles ayant la même forme. L'une est trois fois plus haute que l'autre. Le contenu de la petite vaut 0,79 $. Quelle est la valeur du contenu de la grande?

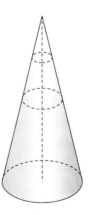

30 Une cimenterie vend des blocs de ciment à différentes municipalités. Elle produit un bloc dont la masse atteint 200 kg. Un autre bloc de même forme que le premier a des dimensions 2,5 fois plus grandes.

a) Quelle est l'aire totale du second bloc de ciment si celle du premier est de 1,8 m²?

b) Quelle est la masse du second bloc?

31 Un cône droit a un volume de 128 dm³. On le coupe parallèlement à sa base au milieu de sa hauteur et ensuite on fait de même avec le cône obtenu. Quel est le volume des trois sections de cônes obtenues?

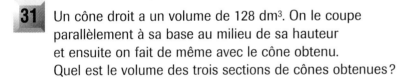

32 Détermine la mesure de $\overline{BC}$ et de $\overline{DF}$ si cela est possible.

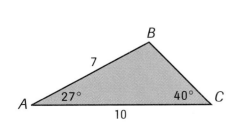

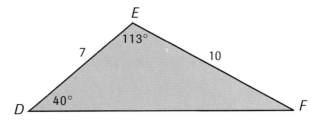

33 Rémi et Geneviève ont chacun un ballon de plage. Il faut 27 fois plus d'air pour gonfler le ballon de Rémi. Quel est le rapport entre la quantité de caoutchouc nécessaire à la fabrication du ballon de Rémi et à celle du ballon de Geneviève?

34 Des poupées gigognes sont des poupées semblables qui s'emboîtent les unes dans les autres. Diane en possède une série dont les hauteurs sont respectivement 14 cm, 10 cm, 7 cm, 5 cm et 3 cm.

a) Si le volume de la plus haute est de 1400 cm³, quel est le volume des quatre autres?

b) Si l'aire totale de la plus petite est de 30 cm², quelle est l'aire totale des quatre autres?

35 **LES ÉCRANS DES TÉLÉVISEURS**

Les écrans des téléviseurs ont la propriété d'être semblables, ce qui permet d'indiquer leur grandeur par la longueur de leur diagonale. Sachant qu'un écran de 18,6 cm a une hauteur de 11 cm et une largeur de 15 cm, détermine les dimensions de l'écran des téléviseurs de 66 cm et de ceux de 84 cm.

36 **LA DÉCORATION DES MÂTS**

Deux mâts mesurant respectivement 10 m et 30 m sont distants de 30 m. On a relié le sommet de chaque mât à la base de l'autre par des guirlandes. À quelle hauteur est le point d'intersection des deux guirlandes?

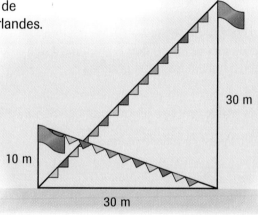

30 m

10 m

30 m

Le fleurdelisé est, depuis le 21 janvier 1948, le drapeau officiel du Québec.

37 **LE CYLINDRE**

Rachel regarde à travers un cylindre de 5 cm de longueur et de 2 cm de diamètre un mur situé à 20 cm de son oeil. Quelle est l'aire du disque qu'elle observe sur le mur?

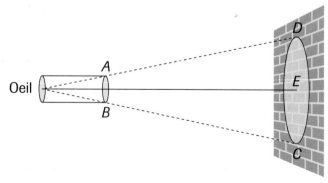

Oeil

A
B
D
E
C

1. Identifie la similitude qui associe les paires de figures semblables suivantes.

a)

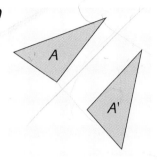

b)

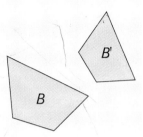

c)

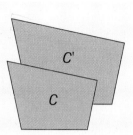

2. On donne les figures suivantes :

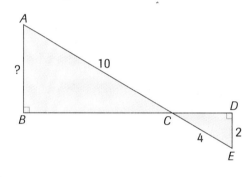

a) Énonce la condition minimale qui nous assure que les triangles sont semblables dans chaque cas.

b) Calcule la mesure demandée si les mesures données sont en centimètres.

1) m $\overline{AB}$ 2) m $\overline{FK}$

3. Dans la figure ci-contre, $\overline{AB}$ // $\overline{CD}$ et $\overline{BC}$ coupe $\overline{AD}$ en *E*.

a) Montre que les deux triangles sont semblables.

b) Détermine m $\overline{BE}$.

4. Sachant que *ABCD* est un parallélogramme, démontre que $\triangle$ *ECB* ~ $\triangle$ *EDF*.

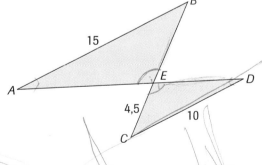

5. Voici deux prismes droits semblables dont certaines dimensions sont indiquées.

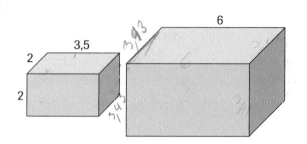

    a) Quelle est la hauteur du plus grand prisme?

    b) Quelle est l'aire latérale du plus grand prisme?

    c) Quel est le rapport du volume du grand prisme à celui du petit prisme?

6. LA CAMÉRA

On prend une photo d'une personne dont la taille est de 1,80 m. La lentille de la caméra est à 300 cm de la personne et à 1,3 cm de la pellicule du film. Détermine la taille de cette personne sur le film.

7. LES CARTONS DE COULEUR

Dominique utilise des cartons de couleur pour des travaux en arts plastiques. Un carton de 21 cm sur 28 cm coûte 0,19 $. Combien lui coûteront approximativement 12 cartons semblables mais dont les dimensions sont triplées?

8. LE MODÈLE RÉDUIT

Un modèle réduit d'une voiture est dans le rapport 1:25 avec le modèle réel.
Si ce modèle réduit a une hauteur de 6 cm, quelle est la hauteur du modèle réel?

9. L'ANANAS

Un ananas de 18 cm de hauteur se vend 2,89 $. Quel devrait être le prix d'un ananas semblable qui a 21 cm de hauteur?

THALÈS DE MILET
(vers 624 av. J.-C. - vers 548 av. J.-C.)

Vous êtes considéré, maître Thalès, comme l'un des Sept Sages de l'Antiquité. D'où vous vient cette renommée?

Vous n'avez excercé le métier de marchand que très peu de temps. Pourquoi?

Mes contemporains m'ont connu sous plusieurs facettes. Je fus tour à tour homme d'État, marchand, ingénieur, astronome, philosophe et mathématicien. J'ai réussi dans tous ces domaines tout en appliquant un principe de vie fondamental pour moi : «On doit s'abstenir de pratiquer ce que nous blâmons chez les autres.»

Plusieurs personnes me faisaient remarquer que ma sagesse ne m'avait pas apporté la richesse. J'ai décidé de prouver à ces gens qu'il était facile de devenir riche rapidement. Ainsi, par mes prévisions astronomiques, j'ai su que la prochaine récolte d'olives serait abondante. Durant l'hiver, je me suis approprié le contrôle absolu des pressoirs à olives du pays. Puis, à l'été, j'ai imposé mon prix pour les utiliser, ce qui m'a rapporté une fortune. J'ai donc démontré que l'on peut aisément devenir riche, mais cela n'est pas le but d'une vie!

Vous avez visité l'Égypte, et les pyramides vous ont fasciné, tout particulièrement la grande pyramide de Khéops. Vous êtes le premier à avoir réussi à éterminer sa hauteur. Comment avez-vous fait ce calcul?

J'ai été tout d'abord surpris de constater que personne ne connaissait la hauteur de cette pyramide datant de 2000 ans. J'ai trouvé le moyen de la calculer en utilisant les propriétés des triangles semblables.

Thalès de Milet est le premier homme auquel on attribue des découvertes précises en mathématique. Sa renommée comme mathématicien provient de plusieurs énoncés en géométrie. On lui reconnaît également le théorème suivant: «L'angle inscrit dans un demi-cercle est un angle droit.»

En t'inspirant de ce théorème, décris les mesures des angles et des côtés, en fonction du rayon, d'un triangle ABC inscrit dans un demi-cercle dont:

a) l'aire est r^2 **b)** m $\overline{BC} = r$.

Mes projets

Projet 1 : Tout n'est pas encore découvert

a) À l'aide d'un logiciel de géométrie pouvant calculer des aires, vérifie si la conjecture suivante est vraie :

« Les produits des aires des deux triangles semblables opposés formés par les diagonales d'un trapèze isocèle sont égaux. »

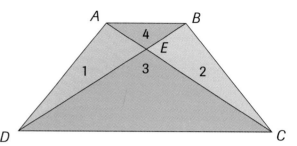

b) Dans le cas de quadrilatères quelconques, les triangles opposés sont-ils encore semblables ?

c) En utilisant la figure ci-dessous, démontre que les produits des aires de deux triangles opposés formés par les diagonales d'un quadrilatère quelconque sont égaux.

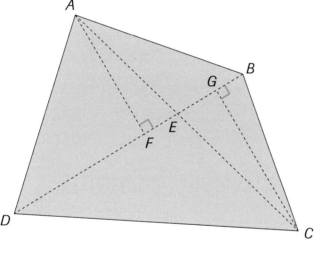

Projet 2 : La maquette

Réalise une maquette de ton école ou d'un des édifices de ta région. Il faudra que la maquette et l'édifice soient construits à l'échelle et qu'ils correspondent à des solides semblables. Si tu ajoutes des objets ou des personnages, ils devront eux aussi être construits à l'échelle. Fais le plan de ton projet. N'oublie pas de déterminer l'échelle de reproduction et de bien dresser la liste des matériaux dont tu auras besoin. Il est possible bien sûr de former un groupe pour réaliser ce projet. On trouvera certainement une place à l'école pour exposer le résultat de ton travail...

JE CONNAIS LA SIGNIFICATION DES EXPRESSIONS SUIVANTES :

Isométrie : transformation qui conserve les distances entre les points.

Homothétie : transformation qui a un point fixe et qui, à tout autre point, associe une image à partir d'un rapport donné.

Rapport d'homothétie : dans une homothétie de centre O, rapport $\dfrac{m\ \overline{OA'}}{m\ \overline{OA}}$ auquel on attribue un signe.

Similitude : transformation qui conserve les mesures des angles et la proportionnalité des lignes homologues.

Figures semblables : figures dont l'une est l'image de l'autre par une similitude, ou figures ayant leurs angles homologues congrus et leurs lignes homologues proportionnelles.

Solides semblables : solides dont l'un est l'image de l'autre par une similitude dans l'espace.

Rapport de similitude : rapport des mesures de deux lignes homologues de figures ou de solides semblables.

JE MAÎTRISE LES HABILETÉS SUIVANTES :

Distinguer des figures semblables de celles qui ne le sont pas.

Identifier et décrire une similitude entre deux figures semblables.

Déduire certaines mesures de côtés et d'aires de figures semblables.

Déduire certaines mesures de côtés, d'aires et de volumes de solides semblables.

Résoudre des problèmes utilisant le concept de similitude en justifiant les étapes de sa démarche.

LES RAPPORTS TRIGONOMÉTRIQUES

6

Les grandes idées

- ▶ Rapports dans le triangle rectangle.
- ▶ Résolution de triangles rectangles.
- ▶ Loi des sinus.
- ▶ Résolution de triangles non rectangles.
- ▶ Calcul de l'aire d'un triangle.

Objectif terminal

- ▶ Résoudre des problèmes en utilisant les rapports trigonométriques.

Objectifs intermédiaires

- ▶ Déduire des mesures de triangles rectangles à l'aide des rapports trigonométriques.
- ▶ Déduire des mesures de triangles non rectangles à l'aide des rapports trigonométriques.
- ▶ Justifier une affirmation dans la résolution d'un problème.

Sujet 1 RAPPORTS TRIGONOMÉTRIQUES

Dreatangle

LE SINUS D'UN ANGLE

Les rampes d'accès

Le Code du bâtiment prévoit que les édifices publics doivent être munis de rampes d'accès pour les personnes handicapées. L'angle d'inclinaison de ces rampes doit être de 5°. L'entreprise Libre-Accès se spécialise dans la fabrication de telles rampes. Voici les dessins des quatre modèles les plus en demande. Les mesures des arêtes sont en mètres.

Le mot trigonométrie veut dire «mesure des triangles».

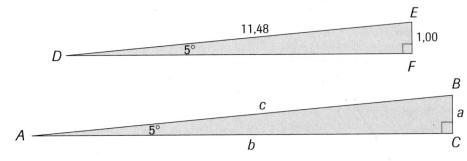

a) Les triangles rectangles illustrant les faces latérales sont-ils semblables? Justifie ta réponse.

b) Calcule le rapport de la hauteur à la longueur (hypoténuse) de chaque rampe. Donne tes observations.

Comparons l'un de ces triangles à un autre triangle rectangle semblable.

On a la proportion suivante: $\dfrac{m\ \overline{DE}}{m\ \overline{AB}} = \dfrac{m\ \overline{EF}}{m\ \overline{BC}}$.

c) Quelle propriété des proportions permet de passer de la proportion ci-dessus à la suivante?

$$\frac{m\ \overline{BC}}{m\ \overline{AB}} = \frac{m\ \overline{EF}}{m\ \overline{DE}}$$

Cette propriété des proportions permet de passer de rapports de mesures de côtés homologues dans deux triangles à des rapports de mesures de côtés dans un **même triangle.**

d) Pour tout triangle rectangle ayant un angle de 5°, le rapport $\dfrac{a}{c}$ est-il toujours le même?

Il devient donc intéressant de donner un **nom** à ce rapport.

Pour un angle aigu *A* d'un triangle *ABC*, rectangle en *C*, on appelle **sinus *A*** le rapport <u>mesure de la cathète opposée à ∠ *A*</u>.
     mesure de l'hypoténuse

$$\sin A = \frac{\text{mesure de la cathète opposée à } \angle A}{\text{mesure de l'hypoténuse}} = \frac{a}{c}$$

On note généralement un angle ou sa mesure à l'aide d'une lettre majuscule et on utilise la même lettre, en minuscule, pour désigner la mesure du côté opposé.

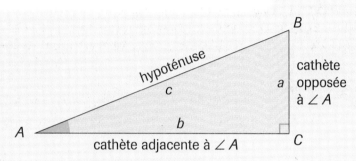

Le **sinus** d'un angle est un **rapport de mesures,** c'est-à-dire un **nombre.**

e) Sur ta calculatrice, repère la touche qui permet de trouver le sinus d'un angle et détermine la valeur de :

   1) sin 5°   2) sin 30°   3) sin 45°   4) sin 60°   5) sin 80°

LE COSINUS D'UN ANGLE

L'échelle extensible

Pour être sécuritaire, une échelle doit former avec le sol un angle dont la mesure est comprise entre 60° et 75°. Un couvreur de bâtiments utilise une échelle extensible. Lorsqu'elle mesure 6 m, il doit la placer à 1,55 m du mur pour former un angle de 75°.

a) S'il allonge son échelle à 7 m, à quelle distance du mur devra-t-il la placer pour qu'elle forme un angle de 75° ?

b) Que peut-on dire de tous les triangles rectangles formés par le sol, le mur et l'échelle lorsque celle-ci forme un angle de 75° avec le sol ? Justifie ta réponse.

c) Dans les triangles précédents, le rapport de la distance de l'échelle au mur à la longueur de l'échelle est-il toujours le même ?

Il convient de donner un **nom** à ce rapport.

Pour un angle aigu *A* d'un triangle *ABC*, rectangle en *C*, on appelle **cosinus *A*** le rapport mesure de la cathète adjacente à ∠ *A*.

mesure de l'hypoténuse

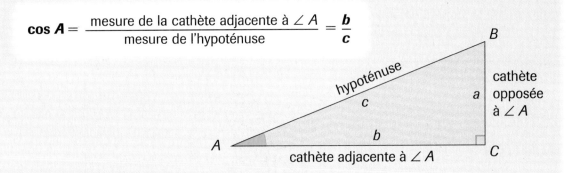

$$\cos A = \frac{\text{mesure de la cathète adjacente à } \angle A}{\text{mesure de l'hypoténuse}} = \frac{b}{c}$$

Le cosinus d'un angle est un **rapport de mesures,** c'est-à-dire un **nombre.**

d) Identifie sur ta calculatrice la touche permettant de calculer le cosinus d'un angle et trouve la valeur de :

1) cos 75°   2) cos 50°   3) cos 25°   4) cos 10°   5) cos 5°

LA TANGENTE D'UN ANGLE

L'ombre et la lumière

Trois golfeurs terminent leur partie. À ce moment, l'angle d'élévation du soleil est de 56°. On a indiqué la hauteur du drapeau, de l'enfant et d'un bâton ainsi que la longueur de leur ombrage. On peut ainsi imaginer trois triangles rectangles.

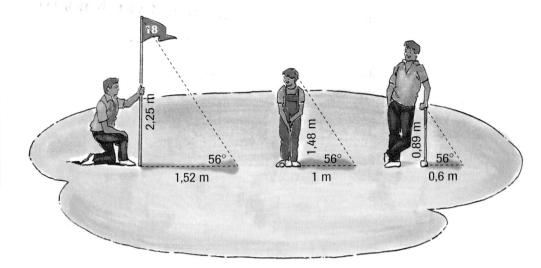

Le développement de la trigonométrie a surtout été relié à celui de l'astronomie. La trigonométrie serait une géométrie du ciel.

a) Ces trois triangles rectangles et tout autre triangle rectangle ayant un angle aigu de 56° sont-ils semblables ? Justifie ta réponse.

b) Les rapports hauteur de l'objet / longueur de l'ombre ont-ils tous la même valeur ?

Il convient de donner un **nom** à ce rapport.

Pour un angle aigu *A* d'un triangle *ABC*, rectangle en *C*, on appelle **tangente *A*** le rapport $\dfrac{\text{mesure de la cathète opposée à} \angle A}{\text{mesure de la cathète adjacente à} \angle A}$.

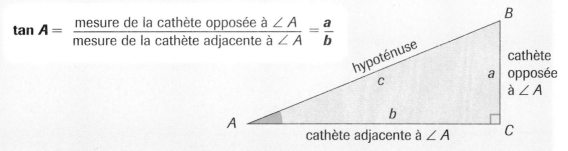

$$\tan \boldsymbol{A} = \frac{\text{mesure de la cathète opposée à} \angle A}{\text{mesure de la cathète adjacente à} \angle A} = \frac{\boldsymbol{a}}{\boldsymbol{b}}$$

La tangente d'un angle est un **rapport de mesures,** c'est-à-dire un **nombre.**

Les rapports **sinus, cosinus** et **tangente** sont appelés des **rapports trigonométriques.**

$$\sin \boldsymbol{A} = \frac{\text{cathète opposée à} \angle A}{\text{hypoténuse}} = \frac{\boldsymbol{a}}{\boldsymbol{c}}$$

$$\cos \boldsymbol{A} = \frac{\text{cathète adjacente à} \angle A}{\text{hypoténuse}} = \frac{\boldsymbol{b}}{\boldsymbol{c}}$$

$$\tan \boldsymbol{A} = \frac{\text{cathète opposée à} \angle A}{\text{cathète adjacente à} \angle A} = \frac{\boldsymbol{a}}{\boldsymbol{b}}$$

Il existe différentes **relations** entre ces rapports.

c) Donne pour l'angle *B* d'un triangle *ABC*, rectangle en *C*, le rapport correspondant à :

 1) sin *B*

 2) cos *B*

 3) tan *B*

C'est Thomas Finck, physicien et mathématicien allemand, qui inventa le mot «tangente» en 1583. On lui doit aussi les premières abréviations telles que «sin» et «tan».

d) Le nom d'un rapport trigonométrique dans un triangle rectangle dépend de l'angle aigu considéré. Montre que sin *A* correspond au même rapport que cos *B*.

e) Donne deux noms pour le rapport $\dfrac{b}{c}$.

f) Il existe d'autres rapports trigonométriques dans un triangle rectangle. Donne-les.

g) Quelle propriété peut-on observer si l'on compare ces derniers rapports avec ceux auxquels on a donné un nom ?

h) Décris la relation qui existe entre les mesures des trois côtés d'un triangle rectangle.

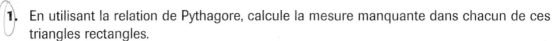

1. En utilisant la relation de Pythagore, calcule la mesure manquante dans chacun de ces triangles rectangles.

a)
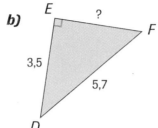

b)

c)
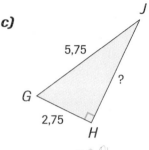

2. Vrai ou faux ?

a) Tous les triangles rectangles qui ont un angle de 20° sont semblables.

b) Tous les triangles rectangles qui ont une cathète de 5 cm sont semblables.

3. Soit deux triangles rectangles semblables. Détermine si les rapports donnés forment une proportion.

a) $\dfrac{m\ \overline{CD}}{m\ \overline{BE}}$ et $\dfrac{m\ \overline{AC}}{m\ \overline{AB}}$

b) $\dfrac{m\ \overline{CD}}{m\ \overline{AC}}$ et $\dfrac{m\ \overline{BE}}{m\ \overline{AB}}$

4. Soit les deux triangles rectangles semblables illustrés ci-dessous.

a) Que faut-il faire à la proportion donnée pour avoir une égalité entre deux sinus d'un même angle ?

$$\frac{m\ \overline{CD}}{m\ \overline{BE}} = \frac{m\ \overline{AC}}{m\ \overline{AB}}$$

b) Que faut-il faire à la proportion donnée pour avoir une égalité entre deux cosinus d'un même angle ?

$$\frac{m\ \overline{AD}}{m\ \overline{AE}} = \frac{m\ \overline{AC}}{m\ \overline{AB}}$$

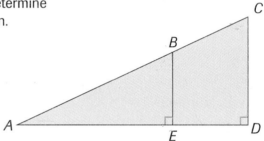

c) Que faut-il faire à la proportion donnée pour avoir une égalité entre deux tangentes d'un même angle ?

$$\frac{m\ \overline{CD}}{m\ \overline{BE}} = \frac{m\ \overline{AD}}{m\ \overline{AE}}$$

5. Voici six rapports provenant d'un triangle rectangle : $\dfrac{d}{e}, \dfrac{e}{f}, \dfrac{f}{d}, \dfrac{e}{d}, \dfrac{f}{e}, \dfrac{d}{f}$

Détermine celui qui représente :

a) sin D   **b)** cos D   **c)** tan E

d) cos E   **e)** sin E   **f)** tan D

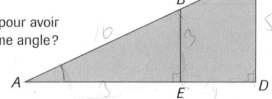

6. Détermine sin *A* dans chacun des triangles rectangles suivants.

a)

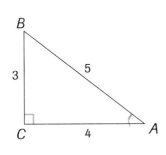

b)

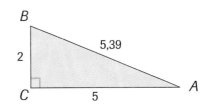

c)

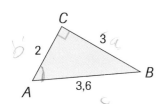

d)

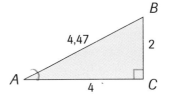

7. Dans chacun des triangles rectangles suivants, détermine la valeur du sinus, du cosinus et de la tangente de l'angle *X*.

a)

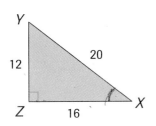

b)

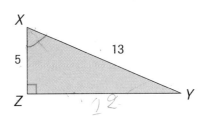

c)

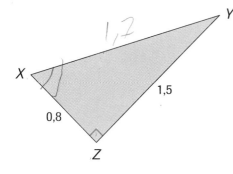

d)

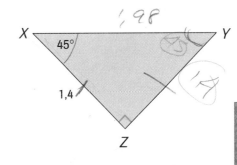

8. Donne les noms possibles pour le rapport indiqué :

a) $\frac{9}{40}$

b) $\frac{40}{41}$

c) $\frac{9}{41}$

d) $\frac{40}{9}$

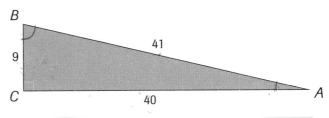

9. À l'aide d'une calculatrice, complète les tables ci-dessous.

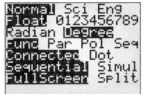

a)

m ∠ A	0°	10°	20°	30°	40°	50°	60°	70°	80°	90°
sin A	■	■	■	■	■	■	■	■	■	■

b)

m ∠ A	0°	10°	20°	30°	40°	50°	60°	70°	80°	90°
cos A	■	■	■	■	■	■	■	■	■	■

c)

m ∠ A	0°	10°	20°	30°	40°	50°	60°	70°	80°	90°
tan A	■	■	■	■	■	■	■	■	■	■

10. Dans le triangle ci-contre :

    a) détermine le côté opposé à l'angle *A*;

    b) détermine le côté adjacent à l'angle *A*;

    c) peut-on calculer sin *A*? Pourquoi?

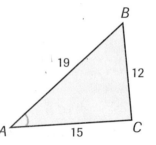

11. À partir du triangle rectangle ci-contre, peut-on calculer tan 45°? Justifie ta réponse.

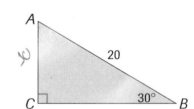

12. Dans un triangle rectangle, à l'angle de 30° est opposé un côté qui mesure la moitié de l'hypoténuse. Recherche les mesures manquantes et calcule cos 60°.

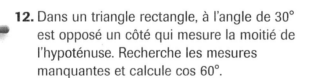

13. À partir des informations indiquées sur la figure ci-contre, détermine :

    a) m $\overline{GH}$ **b)** tan *G*   **c)** tan *H*

    d) sin *G*   **e)** cos *H*   **f)** sin *H*

    g) cos *G*

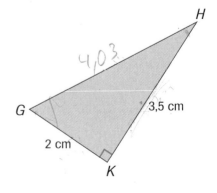

14.

15. À un moment de la journée, un poteau de 4 m projette une ombre de 3 m. Exprime ces deux mesures en fonction de l'angle d'élévation du soleil.

$4 = \blacksquare \sin E$

$3 = \blacksquare \cos E$

Un angle d'élévation est un angle au-dessus de l'horizontale.

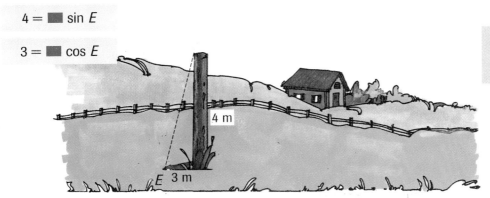

16. Un avion est à une distance horizontale *d* d'un aéroport. Pour atteindre l'aéroport, il doit amorcer sa descente sous un angle de dépression de 3°. Exprime l'altitude de l'avion en fonction de *d*.

$$\text{altitude} = \blacksquare$$

Un angle de dépression est un angle sous l'horizontale.

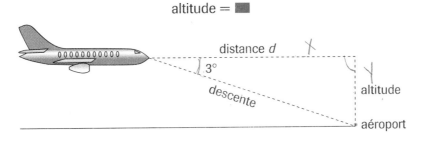

17. Deux échelles de longueur différente sont posées contre un mur. Les pieds des échelles sont à la même distance du mur. Laquelle de ces deux échelles forme un triangle dans lequel :

a) sin *C* est le plus grand ?

b) cos *C* est le plus petit ?

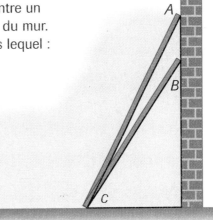

18. Nadine construit une niche pour son chien. Le toit a la forme d'un triangle rectangle isocèle. La longueur de la cathète BC est de 1 m.

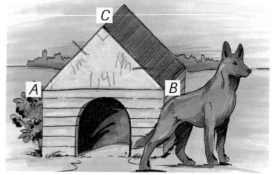

a) Quelle est la mesure de $\overline{AC}$?

b) Quelle est la longueur de l'hypoténuse?

c) Détermine la valeur de chaque rapport trigonométrique de l'angle A.

d) Quelles sont les valeurs de ces rapports si la forme du toit est identique mais que $m\,\overline{BC} = 1{,}2$ m?

e) Quelle est la mesure de l'angle A?

f) À l'aide de ta calculatrice, exprime sous sa forme décimale le nombre représenté par :

1) $\sin 45°$ 2) $\cos 45°$ 3) $\dfrac{1}{\sqrt{2}}$ 4) $\dfrac{\sqrt{2}}{2}$ 5) $\tan 45°$

19. Un triangle rectangle a un angle de 30°. Son hypoténuse mesure 2 unités.

a) Détermine, en justifiant chacune des étapes de ta démarche, les longueurs des deux autres côtés.

b) Détermine les trois rapports trigonométriques de l'angle de 30° et de l'autre angle aigu.

c) À l'aide de ta calculatrice, détermine la forme décimale de :

1) $\cos 30°$ 2) $\sin 60°$ 3) $\dfrac{\sqrt{3}}{2}$

4) $\tan 30°$ 5) $\dfrac{1}{\sqrt{3}}$ 6) $\dfrac{\sqrt{3}}{3}$

 FORUM

a) Dans un triangle ABC, rectangle en C, $\tan A = \dfrac{3}{4}$. Trouvez la valeur de $\tan B$ et justifiez votre réponse.

b) Dans un triangle ABC, rectangle en C, si $\tan A = \tan B$, que pouvez-vous dire des angles A et B? Expliquez.

c) Est-il possible, dans un triangle ABC, rectangle en C, que $\sin A = \cos A$? Expliquez.

$\sin^2 A = (\sin A)^2$

d) En utilisant le triangle rectangle ci-contre, montrez que :

1) $\tan A = \dfrac{\sin A}{\cos A}$

2) $(\sin A)^2 + (\cos A)^2 = 1$

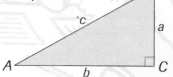

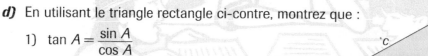

MESURES DE CÔTÉS

La hauteur de la chute Montmorency

En visite dans la région de Québec, Nadia se rend à la chute Montmorency. Elle veut connaître la hauteur de cet attrait touristique. Placée au pied de la chute, à une distance de 70 m, elle constate avec son clinomètre que l'angle d'élévation du sommet de la chute est de 50°. Elle se demande s'il est possible, avec ces seules données, de déterminer la hauteur de la chute.

Chute Montmorency, Québec.

a) Quel rapport trigonométrique fait intervenir la hauteur de la chute et les deux données connues?

b) À l'aide de ta calculatrice, calcule la valeur de ce rapport et pose une équation à une variable.

c) Résous cette équation et trouve la hauteur de la chute.

d) Les chutes du Niagara ont une hauteur de 47 m. De combien de mètres la chute Montmorency est-elle plus élevée que les chutes du Niagara?

e) Quelle est la mesure de l'autre angle aigu du triangle?

Clinomètre artisanal

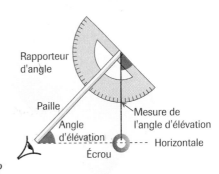

En regardant dans la paille l'objectif visé, on peut, grâce à la ficelle, lire sur le rapporteur la mesure de l'angle d'élévation.

> Dans un triangle rectangle, les rapports trigonométriques permettent de calculer les **mesures des autres côtés** dès que l'on connaît la mesure d'un **angle aigu** et d'**un côté.**

MESURES D'ANGLES

Le sentier forestier

Quand ils vont à leur chalet, Yannick et sa mère doivent stationner leur auto au point *A*, parcourir 8 km dans un sentier forestier et faire 5 km en chaloupe le long de la rive du lac pour arriver au chalet. Yannick pense qu'en se rendant directement au chalet à travers les bois, le trajet serait moins long.

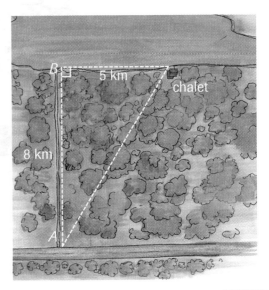

a) Quelle relation permet de calculer la distance qu'ils devraient parcourir à travers les bois?

b) Quelle est cette distance?

c) Quelle est la valeur de tan *A*?

Yannick sait que son clinomètre n'est ici d'aucune utilité. Il connaît la valeur de tan A, mais pas celle de $\angle A$.

d) En supposant diverses valeurs pour A et en utilisant la touche tan, détermine une valeur de A pour laquelle tan A s'approche de 0,625.

e) En définissant une fonction à l'aide de $Y_1 = \tan X$ et en modifiant le pas de variation de X, on peut repérer dans la table une valeur de X pour laquelle tan X s'approche de 0,625. Estime cette valeur de X.

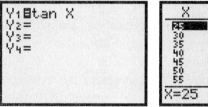

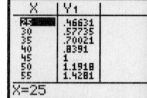

f) Mieux encore, les touches **sin⁻¹**, **cos⁻¹** et **tan⁻¹** permettent de calculer directement la valeur de l'angle à partir de la valeur du rapport. En utilisant la touche puis la valeur du rapport (tan⁻¹ 0,625), détermine la mesure approximative de l'angle A et celle de l'autre angle aigu.

Les touches **sin, cos** et **tan** permettent de calculer les rapports pour des mesures d'angles données. Les touches **sin⁻¹, cos⁻¹** et **tan⁻¹** permettent d'effectuer le travail inverse, c'est-à-dire de calculer les mesures d'angles à partir de la valeur des rapports.

Déterminer **toutes les mesures d'angles et de côtés** dans un triangle rectangle, c'est **résoudre ce triangle.** Les **rapports trigonométriques** permettent donc de **résoudre des triangles rectangles.**

Ainsi, dès que l'on connaît :

1° les mesures d'**un angle aigu** et d'**un côté,** on peut déterminer les **mesures des deux autres côtés** ;

2° dès que l'on connaît les mesures de **deux côtés** ou le rapport des mesures de deux côtés, on peut déterminer les **mesures des angles aigus.**

Il ne faut pas oublier que la **relation de Pythagore** et la **complémentarité des angles aigus** dans le triangle rectangle permettent également de déduire rapidement certaines mesures.

INVESTISSEMENT 2 ▶ ▶ ▶ ▶ ▶ ▶

1. Résous les triangles rectangles suivants. Donne les réponses arrondies au centième de centimètre ou au degré près selon le cas.

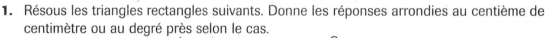

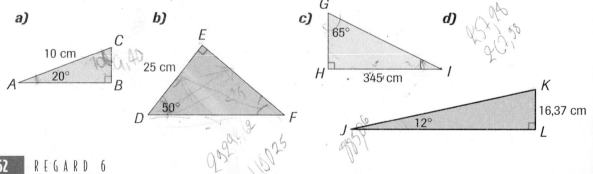

a) **b)** **c)** **d)**

2. Résous les triangles rectangles suivants.

a)

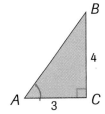

b)

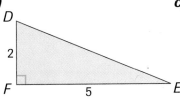

c)

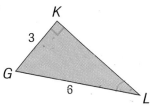

3. Trois madriers sont appuyés contre un mur. L'angle que forme chacun des madriers avec le sol est de 70°.

a) Si le premier madrier mesure 2 m, à quelle hauteur s'appuie-t-il contre le mur?

b) Quelle est la longueur du deuxième madrier si la distance entre son pied et le mur est de 1 m?

c) À quelle distance du mur est le pied du troisième s'il s'appuie contre le mur à une hauteur de 3,3 m?

4. Des jeunes font de la randonnée en montagne. Le sentier qu'ils suivent est en ligne droite et s'élève uniformément de 1 m tous les 20 m. Quelle est la mesure, au degré près, de l'angle que forme le sentier avec l'horizontale?

5. Julie a coupé trois minces tiges métalliques mesurant respectivement 16 cm, 34 cm et 30 cm. Elle veut fabriquer un triangle en soudant par les bouts les trois tiges.

a) Peut-elle calculer les mesures, au degré près, des trois angles de ce triangle? Justifie ta réponse.

b) Si oui, quelles sont ces mesures?

6. À 25 m de la façade, l'angle d'élévation du sommet d'un édifice est de 58°.

a) Quelle est la hauteur de l'édifice?

b) Quelle est la distance entre le point d'observation et le sommet de l'édifice?

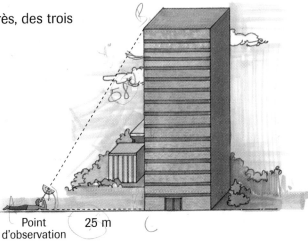

Point d'observation   25 m

7. De deux points d'observation situés sur la rive et distants de 200 m, Nellie et Richard observent une planche à voile. Nellie la voit sur sa droite, dans une direction formant un angle de 39° avec la rive; Richard la voit sur sa gauche dans une direction formant un angle de 51° avec la rive. À quelle distance de chacun, approximativement, se trouve la planche à voile? Justifie chacune des étapes de ta démarche.

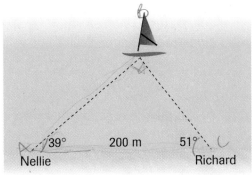

8. Voici l'endos d'une enveloppe. Quelles sont les mesures, au degré près, des angles formés par les diagonales? Justifie chacune des étapes de ta démarche.

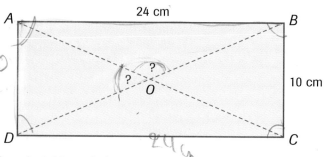

9. Un piquet haut de 1,25 m projette une ombre de 0,80 m de longueur.

a) Quelle est la mesure de l'angle d'élévation du soleil?

b) Au même moment de la journée, l'ombre d'un mât mesure 10,25 m. Quelle est la hauteur du mât?

c) Est-il possible de déterminer la hauteur du mât précédent sans utiliser les rapports trigonométriques? Si oui, comment? Sinon, pourquoi?

10. La façade d'une remise a la forme d'un rectangle surmonté d'un triangle. La largeur totale est de 4 m et la hauteur aux extrémités est de 3 m. La hauteur au milieu de la façade, au sommet du triangle, est de 3,5 m.

Historiquement, le développement des relations entre l'algèbre, la géométrie et la trigonométrie fut rendue possible grâce à la fonction sinus et à l'étude, par les hindous, des ombres projetées par un cadran solaire.

a) Quelle est la mesure de l'angle obtus au sommet de la remise?

b) Quelle est la mesure de chacun des versants du toit?

11. Un camion de pompiers est muni d'une échelle pouvant atteindre une longueur maximale de 30 m. Le conducteur ne doit jamais approcher le camion à moins de 15 m de l'édifice.

a) Si le pied de l'échelle est à 1 m du sol, peut-on atteindre une personne sur un balcon haut de 25 m?

b) Si cela est possible, quelle est la mesure de l'angle d'élévation de l'échelle?

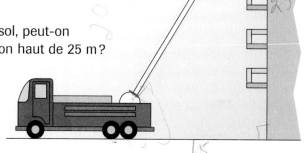

12. Un tremplin pour effectuer des sauts en ski nautique est long de 20 m et son angle d'élévation est de 15°. À quelle hauteur minimale dans les airs s'élance alors le skieur ou la skieuse?

13. Une station de ski indique que la hauteur de la montagne est 892 m. Au lieu d'embarquement dans les télésièges, l'angle d'élévation de la montagne est de 32°. Quelle est la longueur approximative du parcours en télésiège?

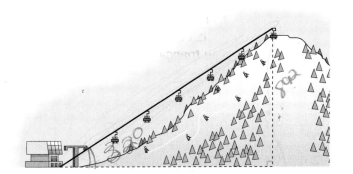

14. Les triangles suivants sont rectangles en *X*. Résous chacun en arrondissant les mesures au millième près.

a) m $\overline{AX}$ = 15 dm et m $\overline{BX}$ = 20 dm

b) m $\overline{XY}$ = 2,4 m et m $\angle Y$ = 20°

c) m $\overline{FX}$ = 38,9 cm et m $\overline{EF}$ = 77,8 cm

d) m $\overline{CD}$ = 8,45 mm et m $\angle C$ = 85°

 FORUM

a) Expliquez le résultat de la calculatrice aux expressions données.

1) $\sin^{-1} 1,5$

2) $\cos^{-1} 1,5$

3) $\tan^{-1} 1,5$

b) On a formé des suites de pentagones et d'hexagones réguliers semblables. En utilisant un rapport trigonométrique, trouvez le rapport de similitude d'une figure à l'autre dans chaque suite.

1)

2)

Tous les **triangles rectangles** ayant un **angle aigu de même mesure _A_** sont **semblables**.

Les rapports des côtés homologues définissent des proportions. En intervertissant les moyens dans ces proportions, on forme des rapports dans un même triangle. On donne un nom à chacun de ces rapports.

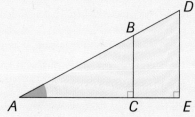

$$\frac{m\ \overline{DE}}{m\ \overline{BC}} = \frac{m\ \overline{AD}}{m\ \overline{AB}} \Rightarrow \frac{m\ \overline{DE}}{m\ \overline{AD}} = \frac{m\ \overline{BC}}{m\ \overline{AB}} = \sin A$$

$$\frac{m\ \overline{AE}}{m\ \overline{AC}} = \frac{m\ \overline{AD}}{m\ \overline{AB}} \Rightarrow \frac{m\ \overline{AE}}{m\ \overline{AD}} = \frac{m\ \overline{AC}}{m\ \overline{AB}} = \cos A$$

$$\frac{m\ \overline{DE}}{m\ \overline{BC}} = \frac{m\ \overline{AE}}{m\ \overline{AC}} \Rightarrow \frac{m\ \overline{DE}}{m\ \overline{AE}} = \frac{m\ \overline{BC}}{m\ \overline{AC}} = \tan A$$

Par rapport à un triangle rectangle, on a les définitions suivantes :

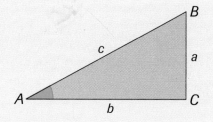

$$\sin A = \frac{\text{mesure de la cathète opposée à } \angle A}{\text{mesure de l'hypoténuse}} = \frac{a}{c}$$

$$\cos A = \frac{\text{mesure de la cathète adjacente à } \angle A}{\text{mesure de l'hypoténuse}} = \frac{b}{c}$$

$$\tan A = \frac{\text{mesure de la cathète opposée à } \angle A}{\text{mesure de la cathète adjacente à } \angle A} = \frac{a}{b}$$

Les rapports trigonométriques permettent la **résolution des triangles rectangles** à partir de la mesure d'un angle et d'un côté ou des mesures de deux côtés.

Résoudre un triangle rectangle consiste à déterminer toutes les mesures des **côtés** et des **angles** de ce triangle à partir d'informations pertinentes.

Les **touches sin, cos** et **tan** permettent de calculer la **valeur des rapports** pour une mesure d'angle aigu donnée.

À l'inverse, les **touches sin⁻¹, cos⁻¹** et **tan⁻¹** permettent de déterminer la mesure de l'angle aigu pour un rapport donné.

La **relation de complémentarité** entre les angles aigus d'un triangle rectangle et la **relation de Pythagore** entre les mesures des côtés aident également à résoudre les triangles rectangles.

1 Sachant que sin 30° = 0,5, exprime chacun des nombres donnés en utilisant au moins une fois sin 30°.

a) 1 **b)** 2 **c)** 0,25 **d)** 0,75 **e)** 0

2 Si $\sin A = \dfrac{a}{c}$ et que $\cos A = \dfrac{b}{c}$, donne l'expression qui représente :

a) sin A + cos A **b)** sin A − cos A **c)** (sin A)(cos A) **d)** (sin A) ÷ (cos A)

3 Si sin 30° = 0,5 et que cos 45° ≈ 0,7071, calcule :

a) sin 30° ÷ 2 **b)** sin 30° + 1,5 **c)** 4 ÷ sin 30° **d)** $\dfrac{\sin 30°}{0,5}$

e) 2 + cos 45° **f)** sin 30° + cos 45° **g)** 2sin 30° − cos 45° **h)** cos 45° − 1

4 Sachant que sin 10° ≈ 0,1736, sin 20° ≈ 0,3420 et sin 30° = 0,5, détermine si les énoncés suivants sont vrais ou faux.

a) sin 10° + sin 20° = sin 30° **b)** 2sin 10° = sin 20° **c)** sin 30° ÷ sin 10° = 3

5 Sachant que sin 20° ≈ 0,3420, sin 50° ≈ 0,7660 et sin 75° ≈ 0,9659, estime :

a) sin 20° + sin 50° **b)** sin 75° − sin 20° **c)** (sin 20° + sin 50°) ÷ sin 75°

6 Sachant que sin 35° ≈ 0,5736 et que cos 35° ≈ 0,8192, estime :

a) 2sin 35° **b)** 5cos 35° **c)** $\sin^2 35°$ ou $(\sin 35°)^2$ **d)** $\cos^2 35°$

e) tan 35° **f)** 1/sin 35° **g)** $\sin^2 35° + \cos^2 35°$ **h)** $\dfrac{\cos 35°}{\sin 35°}$

7 Si cos 20° ≈ 0,9397 et que cos 60° = 0,5, estime :

a) cos 10° **b)** cos 40° **c)** cos 70° **d)** cos 90°

8 Estime la valeur de chaque rapport et vérifie ta réponse à l'aide d'une calculatrice.

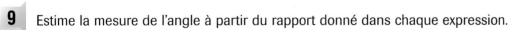

a) sin 10° **b)** tan 45° **c)** sin 30°

d) cos 45° **e)** sin 80° **f)** cos 20°

g) tan 10° **h)** tan 80°

9 Estime la mesure de l'angle à partir du rapport donné dans chaque expression.

a) $\sin^{-1} 0,5$ **b)** $\sin^{-1} 0,25$ **c)** $\sin^{-1} 0,75$ **d)** $\sin^{-1} 0,95$

10 Estime la mesure de l'angle à partir du rapport donné dans chaque expression.

a) $\cos^{-1} 0,5$ **b)** $\cos^{-1} 0,1$ **c)** $\cos^{-1} 0,6$ **d)** $\cos^{-1} 0,8$

11 Soit le triangle *PQR*, rectangle en *P*. À partir des mesures indiquées sur la figure, détermine :

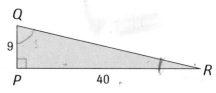

a) tan *R*   **b)** m $\overline{QR}$ **c)** sin *Q*

d) sin *R*   **e)** cos *R*   **f)** tan *Q*

12 À l'aide d'une calculatrice, détermine :

a) sin 38,5°   **b)** cos 0,01°   **c)** tan 89,99°

d) sin 58,5°   **e)** cos 20,2°

13 Un hauban de 9 m retient un mât.
Il forme avec l'horizontale un angle de 66°.
À quelle hauteur est-il fixé sur le mât ?

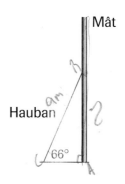

14

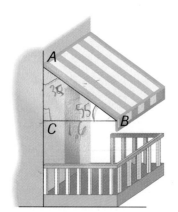

On installe un auvent au-dessus de l'entrée d'un restaurant. Lorsqu'il est bien tendu, il forme un angle de 55° avec la verticale. Quelle doit être sa largeur (m $\overline{AB}$) pour qu'il protège le perron qui mesure 1,6 m de large ?

15 Afin de débarquer les valises d'un avion, on approche une rampe munie d'un mécanisme d'élévation. La rampe mesure 6 m de longueur. À quel angle faut-il l'ajuster pour atteindre la base de la soute à bagages qui est à une hauteur de 2,5 m du sol ?

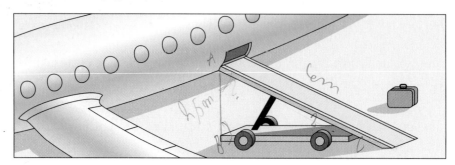

16 Deux pistes d'atterrissage *A* et *B* se coupent à angle droit. À 150 m de leur intersection, une troisième piste *C* coupe la première sous un angle de 30°. À quelle distance de la première intersection la piste *C* croise-t-elle la piste *B*?

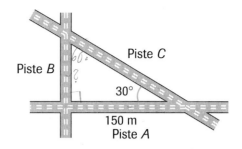

17 Une montgolfière s'élève directement au-dessus de l'église locale. De la nacelle, on peut voir l'église du village voisin dans une direction qui forme un angle de 20° avec l'horizontale. Quelle est, approximativement, l'altitude de la montgolfière si les deux églises sont distantes de 4,5 km? Justifie les étapes de ta démarche.

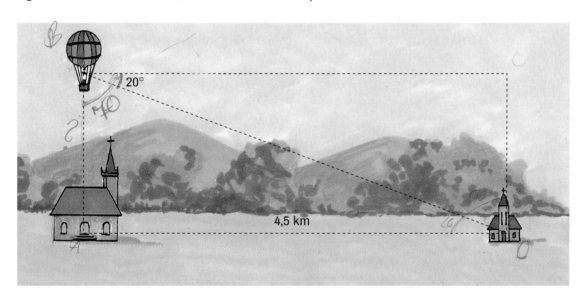

18 Isabelle est à Lévis sur la rive du fleuve Saint-Laurent. À l'aide d'un instrument précis, elle observe le sommet de la Citadelle de Québec sous un angle d'élévation de 5,6°. Son poste d'observation est placé à exactement 1 km de la forteresse. À quelle hauteur au-dessus du fleuve s'élève le sommet de la Citadelle? Justifie les étapes de ta démarche.

Citadelle de Québec.

19 Dans un parc, on a aménagé de petits espaces floraux. L'un d'eux, de forme triangulaire, a des côtés mesurant 2,25 m, 10 m et 10,25 m. Quelles sont les mesures des angles formés par ces côtés?

20 Une conductrice de machinerie lourde opère une grue dont la flèche mesure 25 m. Quelle est la longueur du câble déroulé lorsque la flèche forme un angle de 60° avec l'horizontale?

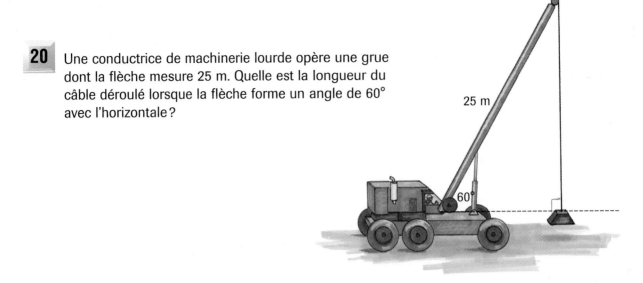

25 m

60°

21 Dans les figures suivantes, les mesures de côtés sont en centimètres. Détermine, dans chaque cas, les valeurs de *x* et de *y* qui représentent des mesures d'angles ou de côtés. Garde la même précision dans les résultats que dans les données.

a)

b)

c)

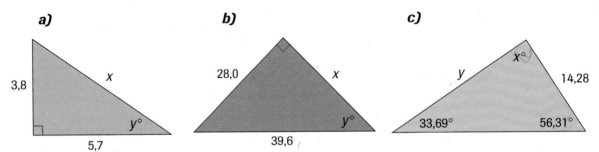

a) 3,8 — x — y° — 5,7

b) 28,0 — x — y° — 39,6

c) y — x° — 14,28 — 33,69° — 56,31°

22 Résous les triangles déterminés par les mesures suivantes. Garde la même précision dans les résultats que dans les données.

a) m $\angle X = 90°$, m $\angle Z = 23,5°$ et m $\overline{XY} = 0,7$ m

b) m $\angle I = 35,75°$, m $\angle J = 54,25°$ et m $\overline{HJ} = 15,5$ km

c) m $\overline{KL} = 3,39$ dm, m $\overline{KM} = 4,52$ dm et m $\overline{LM} = 5,65$ dm

23 Dans la figure ci-dessous, les segments *BD* et *AC* sont perpendiculaires. Résous les quatre triangles rectangles de cette figure.

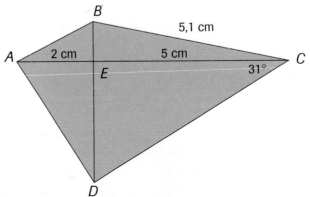

B

5,1 cm

A — 2 cm — 5 cm — C

E — 31°

D

24 Dans la figure ci-contre, l'angle D est droit, m $\angle A = 25°$, m $\angle DBE = 40°$ et m $\overline{BD} = 80$ cm. Calcule:

a) m $\overline{DE}$ b) m $\overline{AD}$

c) m $\overline{AB}$ d) m $\overline{BE}$

e) m $\overline{AE}$

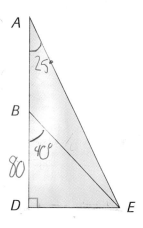

25 Un bateau de plaisance s'éloigne de la côte. À 500 m, la passagère observe le sommet d'une falaise sous un angle d'élévation de 15°. Quelques instants plus tard, l'angle n'est plus que de 10°.

a) Quelle est la hauteur de la falaise?

b) Quelle est la distance entre les deux points d'observation?

26 La façade d'un petit entrepôt a la forme d'un triangle obtusangle. Les deux versants du toit mesurent 16 m et 24 m. Le faîte est à 8 m du sol.

a) Quelle est la mesure de chacun des angles de la façade?

b) Quelle est la longueur de la base de la façade?

c) Quelle est l'aire de la façade?

27 Un triangle rectangle a une hypoténuse de 32,5 cm et une cathète de 12,5 cm. On applique une homothétie de rapport 2,5. Résous le triangle image.

28 L'hypoténuse d'un triangle rectangle mesure 40 cm. L'un de ses angles aigus mesure 53°.

a) Quelle est la longueur de chacune des cathètes?

b) Quelle est l'aire du triangle?

c) Ce triangle est la base d'un prisme droit de 10 cm de hauteur.
Quel est le volume de ce prisme?

d) Quelle est son aire totale?

29 Un triangle rectangle possède un côté de 10 cm de longueur et un angle de 25°. Trois cas peuvent se présenter. Résous ce triangle selon que le côté de 10 cm est :

a) l'hypoténuse;   *b)* la cathète opposée à l'angle de 25°;

c) la cathète adjacente à l'angle de 25°.

30 Un triangle ABC, rectangle en C, possède un angle aigu de 53,2°. On s'intéresse à la relation entre la mesure a du côté opposé à cet angle et l'hypoténuse c.

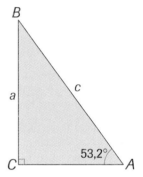

a) Complète la table de valeurs suivante :

a	10	20	30	40	50	60	...
c	■	■	■	■	■	■	...

b) Quel est le taux de variation de cette relation?

c) A-t-on ici une relation de variation directe ou partielle?

31 Une droite passe par l'origine et par le point (3, 5).

a) Quelle est la mesure de l'angle que forme cette droite avec l'axe des x?

b) On applique à la droite une translation $t_{(5, -2)}$. Quelle est la mesure de l'angle que forme son image avec l'axe des y? Justifie ta réponse.

c) Quelle est la mesure de l'angle d'inclinaison de la droite d'équation $y = 3x$?

32 LE CHÂTEAU FORT

Une douve entoure un château fort. Lorsqu'on est placé sur la rive, le haut du mur apparaît avec un angle d'élévation de 58°. Si l'on s'éloigne de 27 m, l'angle d'élévation devient 35°.

a) Trouve un système de deux relations qui permet de déterminer la largeur de la douve.

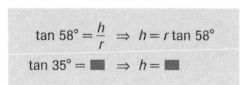

$$\tan 58° = \frac{h}{r} \ \Rightarrow \ h = r \tan 58°$$

$$\tan 35° = ■ \ \Rightarrow \ h = ■$$

b) Détermine la hauteur du mur du château fort.

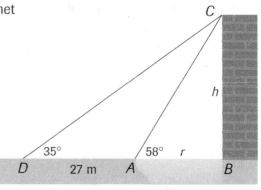

33 LA CHALOUPE

Une chaloupe est attachée à un quai avec une corde de 7 m qui forme un angle de 65°
avec le poteau du quai. La hauteur de la chaloupe est de 1 m. De combien de mètres
avancera la chaloupe si l'on raccourcit la corde de 2 m?

34 LA TOUR EIFFEL

Lors d'un voyage en France avec l'harmonie de l'école, Michelle a pu contempler la tour
Eiffel. Une arpenteuse prélevait des données sur les lieux. Michelle lui entendit dire qu'à
une distance de 250 m l'angle d'élévation du sommet de la tour était de 52°.

a) Quelle est la hauteur de la tour Eiffel?

b) Quelle était la distance entre ce lieu d'observation et le sommet de la tour?

c) Son ami Laurent est monté en ascenseur jusqu'au troisième balcon de la tour situé à
une hauteur de 293 m. Sous quel angle d'élévation Michelle a-t-elle pu l'observer si
elle est demeurée au même endroit?

*La tour Eiffel a
été élevée à
Paris par
Gustave Eiffel
à l'occasion de
l'Exposition
universelle de
1889.*

35 L'ESPACE VERT

L'urbaniste de la
municipalité veut faire
gazonner une partie d'un
terrain municipal. Le terrain a
la forme d'un triangle rectangle
dont l'un des angles mesure 32°. Un
chemin détermine une hypoténuse de
40 m de longueur. L'entrepreneur demande
25 $ le mètre carré pour réaliser le travail. Quel
sera le coût de cet aménagement?

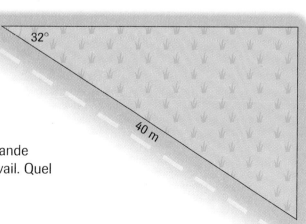

36 **LE PHARE**

Pablo estime, à l'aide d'un clinomètre artisanal, que l'angle d'élévation de la lumière d'un phare est de 40°. Il s'éloigne du phare de 50 m et constate que l'angle d'élévation de la lumière n'est plus que de 20°.

a) Quelle est la hauteur du phare?

b) À quelle distance du phare a-t-il effectué chacune de ses observations?

Phare de Cap-des-Rosie Gaspésie.

37 **LA BATAILLE NAVALE**

Dans le jeu «Bataille navale», les destroyers A, B et C sont cachés en A(-3, 2), B(4, -1) et C(1, 5). Quelle est la mesure de l'angle que forment les lignes reliant A à B et B à C?

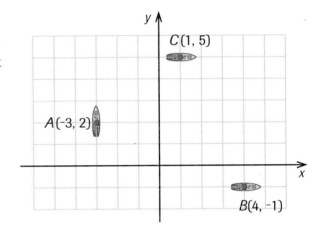

38 **LE PONT-TUNNEL LOUIS-HIPPOLYTE-LAFONTAINE**

Reliant la ville de Montréal à Boucherville, le pont-tunnel Louis-Hippolyte-LaFontaine passe sous la voie maritime du Saint-Laurent. La section immergée mesure 770 m et s'enfonce de 22,25 m en son centre. Quelle est la mesure de l'angle que forme la route avec l'horizontale?

Vers l'an 297 av. J.-C., les Romains ont creusé un tunnel long de 2230 m pour contrôler le niveau des eaux du lac d'Albano.

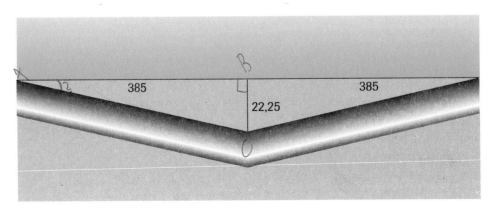

1. LA CASCADEUSE

Pour effectuer une cascade, une motocycliste doit rouler à grande vitesse sur une rampe de lancement qui forme un angle de 14° avec l'horizontale. À quelle hauteur quittera-t-elle la rampe si elle doit parcourir 21 m sur celle-ci?

2. L'AFFICHE PUBLICITAIRE

Une affiche publicitaire a une forme triangulaire. Ses côtés mesurent 3,5 m, 8,4 m et 9,1 m.

a) Qu'est-ce qui permet de justifier qu'il s'agit d'un triangle rectangle?

b) Quelle est la mesure de l'angle opposé au côté de 3,5 m?

c) Quelle est la mesure de l'angle opposé au côté de 8,4 m?

d) Quelle est la mesure de l'angle opposé au côté de 9,1 m?

3. L'ÉNERGIE SOLAIRE

Un propriétaire utilise l'énergie solaire pour chauffer sa maison. Pour obtenir des périodes d'ensoleillement plus longues, il a construit un toit asymétrique.

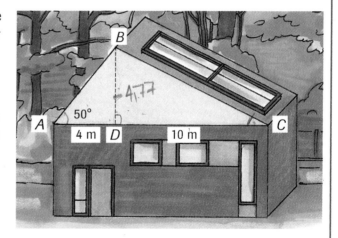

a) Si le premier versant fait un angle de 50° avec l'horizontale et que la distance de A à D est de 4 m, quelle est la hauteur (m $\overline{BD}$) du toit?

b) Quelle est la mesure de l'angle formé par l'horizontale et l'autre versant du toit si m $\overline{DC}$ = 10 m?

4. LE SUPPORT

On veut placer une pièce de bois pour solidifier une tablette. La distance de A à C est de 75 cm et celle de C à E de 10 cm.

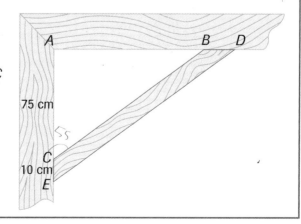

a) Quelle doit être la mesure de $\overline{BC}$ pour que la mesure de l'angle ACB soit de 55°?

b) Quelle est la distance de D à E si $\overline{DE}$ // $\overline{BC}$?

LOI DES SINUS

Le camp scout

Jean-Daniel, un chef scout, est allé visiter un emplacement pour le prochain camp d'été. Il a pris quelques notes et tente de reconstituer un plan de l'endroit, en particulier de la clairière où il pourra tenir les rassemblements. Malheureusement, il n'a pas pu tout mesurer. Voici ce qu'il a réussi à mettre sur papier.

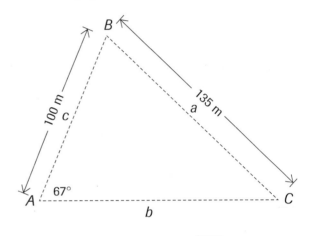

a) Les trois angles du triangle *ABC* sont aigus. Comment appelle-t-on un triangle qui a cette caractéristique?

b) Jean-Daniel peut-il utiliser directement les rapports trigonométriques pour trouver la mesure de l'angle *B* ou peut-il se servir de la relation de Pythagore pour trouver la mesure du troisième côté? Pourquoi?

Pour résoudre son problème, Jean-Daniel a lancé un appel à tous sur Internet.

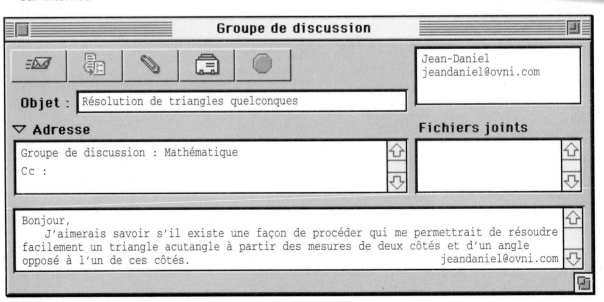

Groupe de discussion

Jean-Daniel
jeandaniel@ovni.com

Objet : Résolution de triangles quelconques

▽ **Adresse**

Groupe de discussion : Mathématique
Cc :

Fichiers joints

Bonjour,
    J'aimerais savoir s'il existe une façon de procéder qui me permettrait de résoudre facilement un triangle acutangle à partir des mesures de deux côtés et d'un angle opposé à l'un de ces côtés.   jeandaniel@ovni.com

Voici la réponse la plus élégante qu'il a obtenue:

Loi des sinus

Dans le cas d'un triangle acutangle comme celui que vous décrivez, la solution à votre problème est la suivante.

En traçant la hauteur issue de B, on obtient deux triangles rectangles dans lesquels on a les relations suivantes:

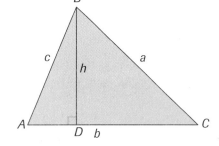

$$\sin A = \frac{h}{c} \;\Rightarrow\; h = c \sin A$$

$$\sin C = \frac{h}{a} \;\Rightarrow\; h = a \sin C$$

D'où **$a \sin C = c \sin A$** qui est le produit des extrêmes et des moyens de la proportion $\dfrac{a}{\sin A} = \dfrac{c}{\sin C}$.

En traçant la hauteur issue de A, on obtient deux triangles rectangles dans lesquels on a les relations suivantes:

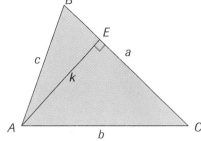

$$\sin B = \frac{k}{c} \;\Rightarrow\; k = c \sin B$$

$$\sin C = \frac{k}{b} \;\Rightarrow\; k = b \sin C$$

D'où **$b \sin C = c \sin B$** qui implique la proportion $\dfrac{b}{\sin B} = \dfrac{c}{\sin C}$.

Comme $\dfrac{a}{\sin A}$ et $\dfrac{b}{\sin B}$ égalent tous deux $\dfrac{c}{\sin C}$, on a la loi suivante:

Loi des sinus: $\dfrac{a}{\sin A} = \dfrac{b}{\sin B} = \dfrac{c}{\sin C}$

Cette loi est utilisable dès que l'on connaît, d'une part, la mesure d'un angle et celle de son côté opposé et, d'autre part, un autre élément d'un triangle acutangle.

                                        nounou@humhum.com

c) Résous maintenant le triangle de Jean-Daniel en recherchant dans l'ordre:

1) m ∠ C

2) m ∠ B

3) m $\overline{AC}$

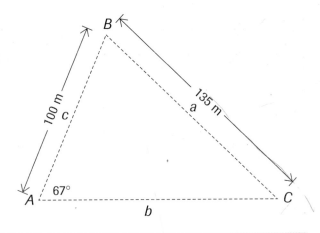

L'incendie de forêt

Deux stations forestières sont situées à 12 km l'une de l'autre le long d'un chemin rectiligne. À un moment donné, les gardes forestiers repèrent une colonne de fumée. Celui de la station *A* voit la fumée dans une direction qui forme un angle de 50° avec le chemin. Celui de la station *B* la voit dans une direction qui forme un angle de 120° avec le chemin. On désire résoudre ce triangle.

a) Détermine m ∠ *ABF*. Justifie ta réponse.

b) Détermine m ∠ *F*. Justifie ta réponse.

c) Quelle est la distance entre la fumée et chacune des stations?

Le triangle est ainsi résolu!

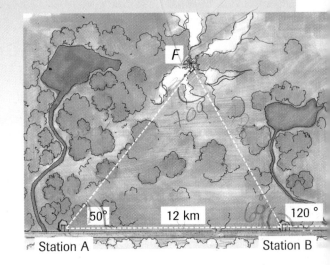

Le mont Fuji Yama

En feuilletant un livre, Jean-Daniel tombe sur la photo du Fuji Yama, qu'on appelle aussi Fuji San, le plus haut sommet du Japon.

Sur cette photo, l'auteure du livre a inscrit la mesure de l'angle du sommet (135°), la longueur du versant *AS* (4 km) et la distance entre la base des deux versants (9,15 km). Il manque les mesures des angles à la base et la longueur du versant *SB*.

Fier de son nouvel apprentissage, Jean-Daniel part à la recherche de ces mesures. Toutefois, il se heurte rapidement à une difficulté.

a) Décris cette difficulté.

b) Qu'est-ce qu'un triangle obtusangle?

Nouvel appel à tous!

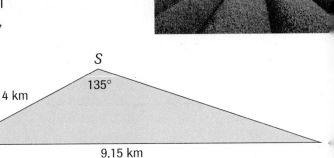

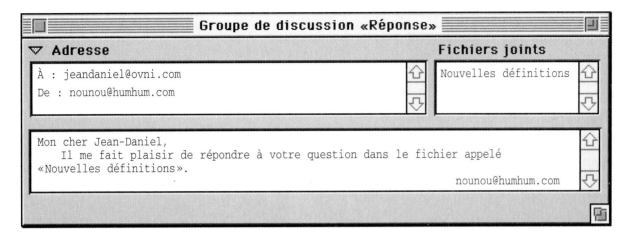

▽ Adresse   **Fichiers joints**

À : jeandaniel@ovni.com
De : nounou@humhum.com

Nouvelles définitions

Mon cher Jean-Daniel,
    Il me fait plaisir de répondre à votre question dans le fichier appelé
«Nouvelles définitions».

nounou@humhum.com

Nouvelles définitions

Dans les triangles rectangles, les angles aigus ne peuvent évidemment égaler ou dépasser 90°. Il faut recourir à une extension du concept de sinus qui englobe la définition première. Pour ce faire, on se transporte dans le plan cartésien.

Selon la définition première du sinus d'un angle aigu A d'un triangle rectangle :

$$\sin A = \frac{y_1}{c} = \frac{\text{ordonnée}}{c}$$

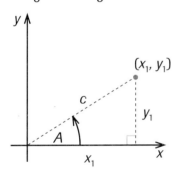

Pour un angle aigu A, on constate qu'un angle obtus $(180° - A)$ a exactement le même sinus :

$$\sin (180° - A) = \frac{\text{ordonnée}}{c} = \frac{y_1}{c}$$

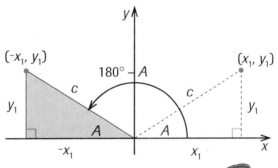

$$\boxed{\sin (180° - A) = \sin A}$$

Cependant, on peut observer ce qui suit :

$$\boxed{\begin{array}{l} \cos (180° - A) = \text{-}\cos A \\ \tan (180° - A) = \text{-}\tan A \end{array}}$$

nounou@humhum.com

---

c) Détermine les mesures manquantes sur ce croquis du mont Fuji Yama.

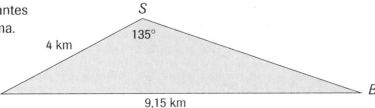

Le mât

Deux filins mesurant respectivement 10 m et 8,15 m sont attachés du même côté d'un mât. Ils sont fixés au même point sur le mât. L'angle que forme le plus long filin avec le pont est de 50°.
On cherche la distance entre les points d'arrimage des filins sur le pont du bateau (les points *A* et *B*).

a) À l'aide de la loi des sinus, calcule m $\angle$ *ABM*.

b) La mesure trouvée pour $\angle$ *ABM* est-elle convenable?

Quand on trouve la **mesure d'un angle** par la **loi des sinus,** il faut examiner la situation pour déterminer si l'angle est **aigu** ou **obtus.** Parfois, on a les deux possibilités.

c) Calcule maintenant la distance entre les deux filins.

En résumé, la **loi des sinus** rend possible la résolution de triangles quelconques dès que l'on connaît les **mesures d'un angle, de son côté opposé** et d'un **autre élément.**

$$\frac{a}{\sin A} = \frac{b}{\sin B} = \frac{c}{\sin C}$$

> On retrouve dans les travaux de Ptolémée (vers 168) une forme algébrique comparable à celle qui est maintenant utilisée pour la loi des sinus. Toutefois, on doit attendre Al-Birûni (973-1048) avant que la loi des sinus soit clairement établie.

INVESTISSEMENT 3

1. Dans chacun des triangles suivants, calcule la valeur de sin *B*; trouve ensuite la mesure de l'angle *B*.

a)

b)

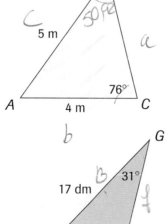

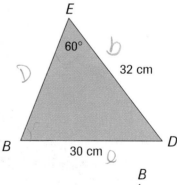

c)

d)

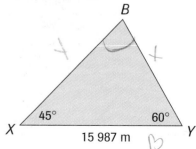

2. Résous les triangles suivants.

a)

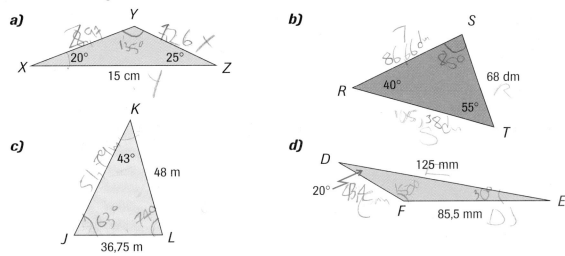

Y
135°
X 20° 25° Z
15 cm

b)

S
R 40° 68 dm
55°
T

c)

K
43°
48 m
J 63° 74° L
36,75 m

d)

D 125 mm
20°
F 85,5 mm E

3. Détermine les autres mesures de ce chausson aux pommes.

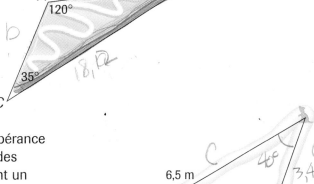

12 cm
A C B
120°
35°
C

4. Le mulot est le mammifère qui a l'espérance de vie la plus courte. En effet, 88 % des individus meurent avant d'avoir atteint un mois. L'hiver, ils creusent des réseaux de tunnels sous la neige. Résous le triangle formé par un tel réseau.

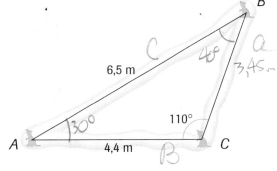

B
6,5 m 40° 3,45 m
30° 110°
A 4,4 m C

5.

E
10 m
6,75 m
42,5°
F

Une paléontologue a inscrit des mesures sur le dessin d'un iguanodon. Résous le triangle qu'elle a dessiné.

6. Certains papillons ont des formes spéciales. On a illustré ci-contre le sphinx du laurier rose. Résous le triangle qu'on a tracé sur ce papillon à partir des mesures données.

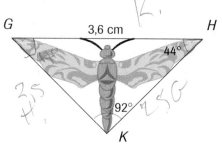

7. En Angleterre, on a trouvé des «pierres longues» disposées de façon telle qu'on considère qu'elles doivent avoir été placées là par l'homme. Voici le dessin de trois de ces pierres. Résous ce triangle et explique pourquoi on présume que leur disposition n'est pas le fruit du hasard.

Les pierres de Stonehenge sont les vestiges de l'ère mégalithique quelque trois mille ans av. J.-C.

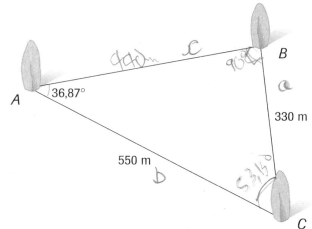

8. Le parquet de la salle du trône d'un château datant de la Renaissance est composé d'une série de motifs identiques à ceux qui sont illustrés ci-dessous. Les mesures de certains éléments d'un des motifs triangulaires sont données.

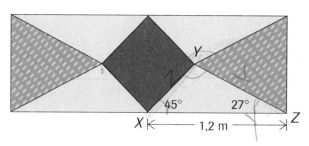

a) Quelle est la mesure du côté du carré rouge?

b) Quelle est la mesure du côté *YZ* du triangle vert?

Le château de Chambord, en bordure de la Loire (France), est l'un des chefs-d'oeuvre architecturaux de la Renaissance.

9. Lors d'un voyage à New York, Magalie observe le sommet de la statue de la Liberté sous un angle d'élévation de 30°. Elle avance de 68 m en direction de l'édifice. L'angle d'élévation est alors de 45°.

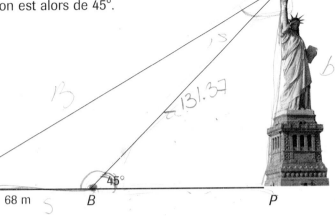

   a) Détermine m ∠ ABS.

   b) Détermine m ∠ ASB.

   c) Quelle est la distance entre le second point d'observation B et le sommet S de la statue?

   d) Quelle est la hauteur de la statue de la Liberté?

   e) À quelle distance de la statue la seconde observation a-t-elle été faite?

10. On a fait fabriquer des fanions pour une journée récréative organisée par le service des loisirs. Les côtés du fanion mesurent 20 cm, 22 cm et 25 cm. Le plus petit angle est de 50°. Quelles sont les mesures des deux autres angles, au degré près?

11. Un stand d'information touristique a la forme d'un hexagone régulier. Dans l'un des angles se trouve une table triangulaire. L'un des côtés longeant le mur mesure 1,15 m et le devant 1,75 m. Détermine la mesure des angles de la table et la mesure du troisième côté.

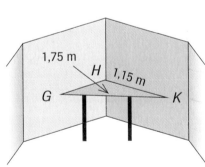

FORUM

   a) En utilisant la loi des sinus, montrez qu'il est impossible d'avoir un triangle dont les mesures des côtés sont $a = 3$ cm, $b = 2$ cm et m ∠ B = 50°.

   b) Dans un triangle ABC, si $a = 2$ m et $b = 4$ m, quelle est la plus grande valeur que peut prendre la mesure de l'angle A?

LA HAUTEUR

La murale

Marlène a trouvé un emploi d'été. Elle doit rafraîchir une murale peinte sur le mur extérieur d'un vieil édifice du centre-ville. Un des éléments de cette murale est un triangle bleu. Afin de connaître la quantité de peinture nécessaire, elle doit calculer l'aire du triangle. Pour cela, Marlène a pris les mesures relatives à l'un des angles.

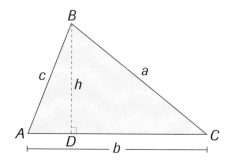

a) De quelle autre mesure a-t-on besoin pour calculer l'aire de ce triangle?

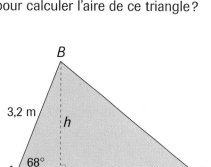

b) On a identifié les sommets du triangle bleu et l'on a tracé la hauteur issue du sommet opposé à la base. Comment est-il possible de calculer la hauteur à l'aide d'un rapport trigonométrique?

c) Quelle expression représente l'aire du triangle?

d) Quelle est la valeur de cette expression?

On peut aussi se demander si ce moyen fonctionne dans le cas où le triangle est obtusangle. Imaginons que le triangle de la murale a un angle de 108° au lieu de 68°.

e) Quelle est la particularité de la hauteur *BD*?

f) Quelle est la mesure de l'angle *BAD*?

g) Comment est-il possible de calculer la hauteur à l'aide d'un rapport trigonométrique?

h) Quelle est la relation entre sin 108° et sin 72°?

i) Quelle expression représente l'aire du triangle?

j) De façon générale, dans un triangle *ABC* de base *b* et de hauteur *h* relativement à $\overline{AC}$, quelle expression représente l'aire du triangle?

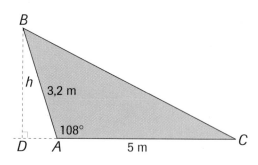

k) Justifie chacune des affirmations de la preuve suivante.

1° Le triangle *ABD* est rectangle.

2° $\sin A = \dfrac{h}{c}$

3° $h = c \sin A$

4° $S =$ aire du triangle $ABC = \dfrac{b \cdot c \sin A}{2}$

Ainsi, on peut déterminer l'aire d'un triangle à partir de la **mesure de l'un de ses angles et des mesures des côtés** qui forment cet angle :

$$\text{Aire du triangle} = \frac{(\text{côté de l'angle}) \times (\text{côté de l'angle}) \times (\text{sin de l'angle})}{2}$$

l) Calcule l'aire de chaque triangle en utilisant cette relation, ensuite vérifie ta réponse en calculant la hauteur relative à l'une des bases connues à l'aide d'un rapport trigonométrique.

1)

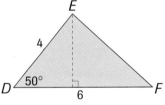

2)

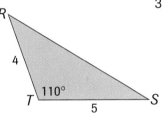

3)

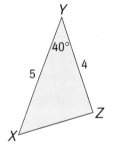

La connaissance de cette relation peut être très utile dans certaines situations. Elle est facile à retrouver étant donné que l'on peut calculer la hauteur à l'aide d'un rapport trigonométrique.

LA FORMULE DE HÉRON

La récolte de foin

Une agricultrice veut vendre la récolte de foin d'un de ses champs. Pour évaluer la quantité de foin sur ce terrain de forme triangulaire, elle a besoin de connaître l'aire de ce terrain.

a) Peux-tu l'aider à résoudre ce problème ?

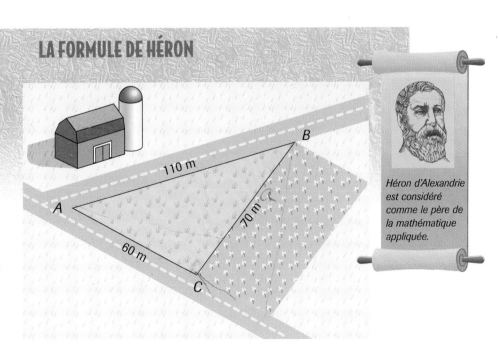

Héron d'Alexandrie est considéré comme le père de la mathématique appliquée.

Héron d'Alexandrie fut l'un des premiers mathématiciens grecs à utiliser la mathématique pour résoudre des problèmes pratiques.

Il a développé une formule permettant de calculer l'aire d'un triangle à partir de la mesure de ses trois côtés *a*, *b* et *c*. Cette formule porte son nom. La voici.

Formule de Héron

Aire du triangle $= \sqrt{p(p-a)(p-b)(p-c)}$, où p est le demi-périmètre du triangle,

c'est-à-dire $p = \dfrac{a+b+c}{2}$.

b) D'après cette formule, quelle est l'aire du champ de foin de l'agricultrice?

c) Vérifie si la formule de Héron est cohérente avec les formules connues du calcul de l'aire d'un triangle en complétant le tableau suivant. On donne les mesures des côtés et de l'un des angles de triangles.

a	b	c	A	$h = c \sin A$	$A\triangle = \dfrac{bh}{2}$	p	$A\triangle = \sqrt{p(p-a)(p-b)(p-c)}$
3	4	5	36,9°	3	■	■	■
5	7	4,24	45°	3	■	■	■
3	7	7,2	24,3°	2,96	■	■	■

La calculatrice peut nous rendre de fiers services dans le calcul de l'aire de plusieurs triangles à l'aide de la formule de Héron.

d) En analysant les écrans ci-dessous, explique comment on peut faire ce travail.

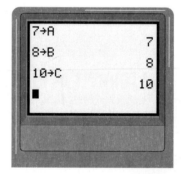

e) Quelle est l'aire d'un triangle dont les mesures des côtés sont 7 cm, 8 cm et 9 cm?

f) Le triangle des Bermudes, qui relie les Bermudes, Miami et Porto Rico, est presque équilatéral. Détermine l'aire approximative de ce triangle sachant que la distance entre Miami (Floride) et San Juan (Porto Rico) est d'environ 1700 km.

1. Détermine une hauteur et l'aire des triangles suivants :

a)

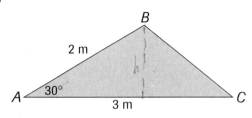

b)

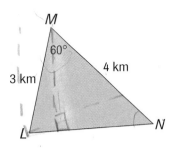

c)

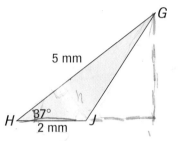

d)

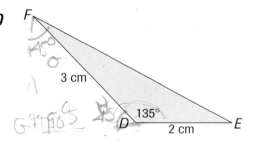

2. Utilise la formule de Héron pour calculer l'aire des triangles dont les trois côtés sont donnés.

a) 2 mm, 3 mm et 4 mm

b) 12 dm, 5 dm et 13 dm

c) 2,4 km, 3,5 km et 4,6 km

d) 100 m, 120 m et 150 m

3. Les feuilles d'arbres ont différentes formes. Quelle est l'aire d'une face d'une feuille triangulaire mesurant 2,5 cm à sa base et dont les deux autres côtés mesurent 4 cm ?

4. Quelle est l'aire de la région intérieure d'un cintre compte tenu des dimensions données ci-contre ?

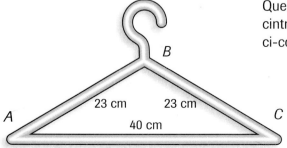

5. L'omoplate est un os plat, large, mince et triangulaire situé dans la partie postérieure de l'épaule. Quelle est l'aire approximative de la face extérieure d'une omoplate dont les dimensions sont données ci-contre?

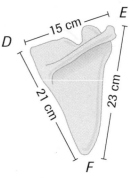

6. Les côtés d'un terrain de stationnement de forme triangulaire mesurent 200 m, 300 m et 450 m. Quel nombre maximal de voitures peut-on y loger si on calcule en moyenne 30 m² par voiture?

7. Les côtés d'un parallélogramme mesurent 5 cm et 3 cm. Calcule son aire si :

a) l'angle *A* mesure 35°;

b) la diagonale *AC* mesure 7,65 cm.

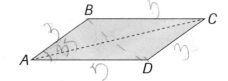

8. Un prisme droit triangulaire a une hauteur (*EB*) de 5 cm. Les côtés *AB* et *BC* mesurent respectivement 10 cm et 7 cm. L'angle *ABC* mesure 43°.

a) Quelle est l'aire de la base du prisme triangulaire?

b) Quel est le volume du prisme ?

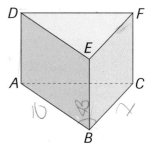

9. Un lac a une forme vaguement triangulaire. Placée à la décharge de ce lac, une adepte de la pêche aperçoit le chalet du surveillant et celui d'un des propriétaires dans des directions formant un angle d'environ 30°. Elle sait également que le chalet du surveillant est à 1,5 km de la décharge et celui du propriétaire à 1,9 km. Estime la superficie de ce lac.

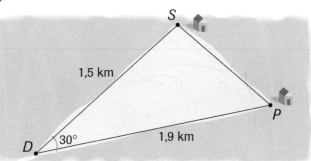

10. Les deux triangles ci-dessous ont chacun un angle de 33,7° et des côtés de 3 dm et 2 dm. Trouve l'aire de chacun d'eux.

a)

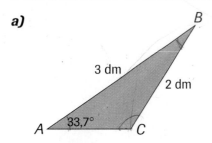

b)

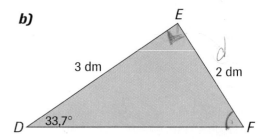

11. Lors d'une course de voiliers, les concurrents et concurrentes doivent suivre un tracé triangulaire. Ils parcourent d'abord 1,2 km en direction d'une première bouée, effectuent un virage de 120°, naviguent en direction de la deuxième bouée, la contournent en changeant de direction de 130° et reviennent au point de départ.

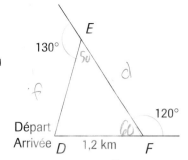

a) Quelle est la longueur du parcours?

b) Quelle est l'aire du triangle délimité par le parcours?

12. Les mesures des côtés d'un triangle sont les suivantes : m $\overline{AB}$ = 5 cm, m $\overline{BC}$ = 6 cm et m $\overline{AC}$ = 8 cm. Réponds à chacune des questions suivantes.

a) Quelle est l'aire de ce triangle?

b) À partir de l'aire, calcule la hauteur issue de *B*.

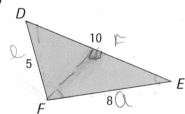

c) En utilisant le triangle rectangle *ABD*, calcule la mesure de l'angle *A*.

d) En utilisant le triangle rectangle *CBD*, calcule la mesure de l'angle *C*.

e) Calcule la mesure de l'angle *B*.

13. On donne des triangles dont on connaît les mesures des côtés. Après avoir calculé une hauteur, détermine la mesure des angles.

a)

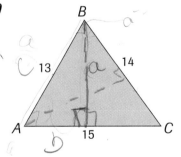

b)

FORUM

Expliquez comment on peut résoudre le triangle ci-contre.

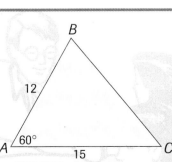

Dans tout triangle, si **a, b** et **c** sont les mesures des **côtés** respectivement **opposés** aux **angles A, B** et **C,** on a la relation suivante :

$$\frac{a}{\sin A} = \frac{b}{\sin B} = \frac{c}{\sin C}$$

Cette relation est appelée la **loi des sinus.** Cette loi permet de résoudre plusieurs triangles qui **ne sont pas rectangles.**

Pour appliquer cette relation, il faut connaître d'une part la mesure d'un angle et celle de son côté opposé et, d'autre part, la mesure d'un autre élément.

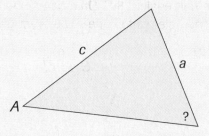
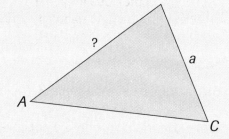

Lorsque l'on recherche un angle, il est possible que cet angle soit obtus. La mesure de cet angle obtus est la différence entre 180° et la mesure de l'angle trouvée.

Si A est un **angle aigu,** alors l'angle $(180° − A)$ est obtus. On sait que $\sin(180° − A) = \sin A$.

Les **hauteurs** d'un triangle quelconque peuvent être calculées à partir des mesures des angles et des côtés. Les hauteurs forment des triangles rectangles avec les côtés ou leur prolongement. Les **rapports trigonométriques** permettent alors de connaître les hauteurs.

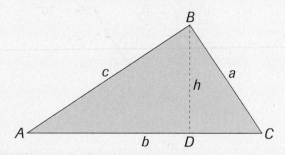

L'**aire** d'un triangle peut être calculée à l'aide de :

1° la formule habituelle : **Aire** $\triangle = \dfrac{\textbf{base} \times \textbf{hauteur}}{\textbf{2}}$

2° la formule suivante : **Aire** $\triangle = \dfrac{\textbf{(côté de l'angle)} \times \textbf{(côté de l'angle)} \times \textbf{(sin de l'angle)}}{\textbf{2}}$,

   si l'on connaît la mesure de l'un de ses angles et les mesures des côtés qui forment cet angle.

3° la formule de Héron : **Aire** $\triangle = \sqrt{\textbf{p(p − a)(p − b)(p − c)}}$ dans laquelle **a, b** et **c** sont les mesures des **côtés** et **p** le **demi-périmètre** du triangle.

Le calcul de l'aire et de la hauteur est une stratégie pour résoudre des triangles quelconques.

1 Dans un triangle, la somme des mesures de deux côtés doit être supérieure à la mesure du troisième côté. De plus, la différence des mesures de deux côtés doit être inférieure à la mesure du troisième côté. Détermine mentalement s'il est possible d'avoir des triangles aux mesures indiquées.

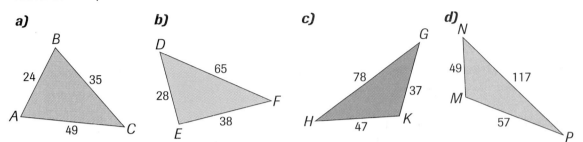

a) **b)** **c)** **d)**

2 La somme des mesures des angles d'un triangle doit égaler 180°. On a déterminé les mesures des angles de ces triangles. Découvre mentalement si une erreur s'est glissée.

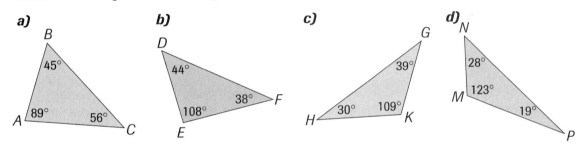

a) **b)** **c)** **d)**

3 Estime la hauteur dans chaque cas.

a) $h = 2{,}4\sin 10°$ b) $h = 0{,}59\sin 10°$

c) $h = 1{,}2\sin 40°$ d) $h = 12{,}4\sin 50°$

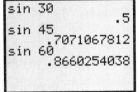

```
sin 10
          .1736481777
sin 40
          .6427876097
sin 50
          .7660444431
```

4 Estime la valeur de a dans chaque cas.

a) $\dfrac{20}{\sin 30°} = \dfrac{a}{\sin 45°}$ b) $\dfrac{a}{\sin 60°} = \dfrac{12}{\sin 30°}$

c) $\dfrac{30}{\sin 45°} = \dfrac{a}{\sin 30°}$ d) $\dfrac{30}{\sin 30° + \sin 60°} = \dfrac{a}{\sin 45°}$

```
sin 30
                    .5
sin 45
          .7071067812
sin 60
          .8660254038
```

5 Estime l'aire de ces triangles.

a) 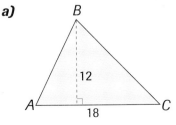   **b)** 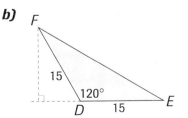   **c)**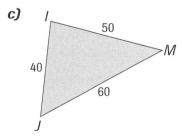

6 Dans un triangle ABC, m $\angle A = 23°$, m $\overline{AB} = 6$ mm et m $\overline{BC} = 5$ mm. Détermine :

a) m $\overline{BD}$

b) m $\angle C$

c) m $\angle B$

d) m $\overline{AC}$

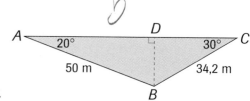

7 En utilisant les rapports trigonométriques dans le triangle ci-contre, détermine si l'on obtient le même résultat en calculant la hauteur à partir de l'angle A et du côté AB qu'à partir de l'angle C et du côté BC.

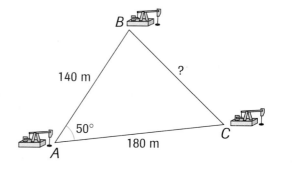

8 Le pétrole est extrait du sol à l'aide d'une pompe hydraulique. Un propriétaire dispose de trois pompes dans un même champ. Celles-ci sont reliées entre elles par des pipelines. Compte tenu des données de l'illustration ci-contre, quelle est la longueur du tuyau qui relie les pompes B et C?

9 Le logo d'une entreprise de réparation d'appareils électriques a la forme d'un triangle ayant des angles de 50°, 60° et 70°. Sur le modèle qui orne les camions de l'entreprise, le plus grand côté mesure 80 cm. Sur le modèle imprimé sur le papier à lettres, ce côté mesure 2 cm.

a) Détermine les mesures des deux autres côtés du modèle ornant le camion.

b) Détermine les mesures de ces mêmes côtés sur le modèle imprimé sur le papier à lettres sans utiliser la loi des sinus.

10 Un navire quitte le port et franchit 18 km en direction nord. Puis, il dévie de sa route initiale de 30° vers l'est. Une heure après ce changement de cap, un relevé de la position du navire indique au capitaine que sa distance au port, en ligne directe, est de 36,7 km. Quelle distance a parcourue le navire depuis son changement de direction?

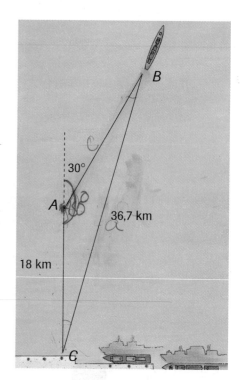

11 Deux avions décollent au même moment du même porte-avions. L'un prend la direction est, l'autre vole dans une direction qui forme un angle de 53,1° avec la direction est. Dix minutes plus tard, le premier a parcouru 150 km et le second 100 km. Les deux pilotes doivent alors communiquer entre eux par radio; leurs radios ont un rayon d'action de 125 km. Les pilotes pourront-ils établir la communication?

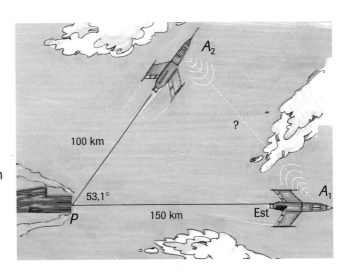

12

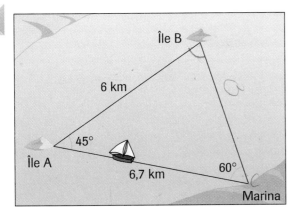

Jacqueline décide d'aller se balader en voilier sur le Saint-Laurent. De la marina, elle aperçoit deux îles dont les directions forment un angle de 60°. Elle se rend d'abord à l'île A située à 6,7 km de la marina. Elle met ensuite le cap sur l'île B, elle emprunte alors une direction qui forme un angle de 45° avec la première direction. Elle atteint la seconde île après avoir franchi 6 km. À quelle distance de la marina, l'île B se trouve-t-elle?

13 Mélanie fait son baptême de l'air avec le Cesna de son père. Comme première randonnée, elle quitte Sherbrooke, se rend à Québec et revient à sa base après avoir survolé Montréal. Les distances Québec-Montréal et Montréal-Sherbrooke sont respectivement de 225 km et de 135 km. L'angle que forment les routes aériennes Sherbrooke-Québec et Sherbrooke-Montréal mesure 96°. Quelle distance Mélanie a-t-elle parcourue pour se rendre à Québec?

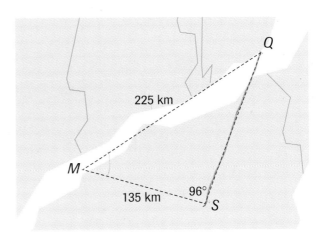

14 L'une des diagonales d'un parallélogramme forme des angles de 70° et 60° avec les côtés. La mesure de l'un des côtés est 4 cm. Quelle est la mesure de l'autre côté de ce parallélogramme?

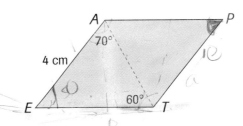

15 Détermine la largeur de la rivière d'après les données du croquis ci-dessous.

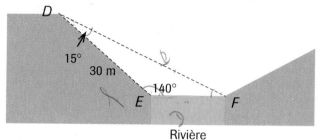

Rivière

16 Dans chacun des cas suivants, détermine la mesure des hauteurs issues de B et de C, et l'aire du triangle ABC.

a) m $\angle A = 45°$, $c = 14$ cm et $b = 12$ cm

b) m $\angle A = 25°$, $c = 15$ cm et $b = 9$ cm

c) m $\angle A = 66,4°$, $c = 8$ dm et $b = 10$ dm

d) m $\angle A = 36,9°$, $c = 10$ km et $b = 8$ km

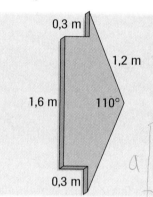

17 Dans le but d'encourager les touristes à visiter son commerce, la propriétaire d'une boutique d'artisanat a fait construire une flèche indiquant le stationnement de son établissement. Compte tenu des mesures données dans l'illustration ci-contre, quelle quantité de bois sera nécessaire à la fabrication de la flèche si celle-ci a une épaisseur de 1 cm?

18 Voici deux triangles et les mesures de certains éléments.

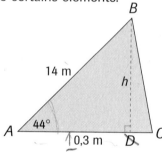

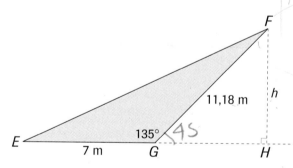

a) Dans chaque cas, détermine la hauteur h.

b) Quelle est l'aire de chaque triangle?

19 Calcule l'aire des polygones suivants :

a) un parallélogramme ayant des côtés de 10 cm et 7 cm et un angle de 30°;

b) un trapèze ayant des bases de 5 cm et 12 cm, des côtés non parallèles de 5 cm et 4,24 cm et des angles de 45° et 36,9°;

c) un parallélogramme ayant un angle de 30° et a et b comme mesures de côtés.

20 À la suite d'un déversement de polluant toxique, les policiers ont déterminé une zone de sécurité de forme triangulaire à l'aide d'un ruban en matière plastique. Les trois côtés mesurent 120 m, 72 m et 90 m. Quelle est l'aire de ce triangle?

21 De jeunes adeptes de la planche à roulettes ont fabriqué une rampe en bois pour rendre la pratique de leur sport plus intéressante. L'objet est un solide formé d'une base rectangulaire, de deux faces ayant la forme d'un trapèze et de deux autres faces triangulaires. On s'intéresse à l'un des triangles.

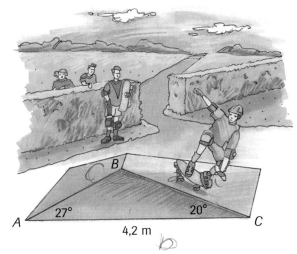

a) Quelle est la mesure de chacun des deux autres côtés de ce triangle? Justifie tes réponses.

b) Quelle est l'aire du triangle *ABC*?

22

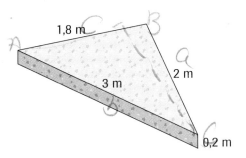

On a coulé du ciment dans un prisme droit à base triangulaire ayant les dimensions illustrées ci-contre. Quel est le volume de ce prisme?

23 Quelle est l'aire totale de la pyramide droite à base carrée ci-contre si ses dimensions sont celles illustrées?

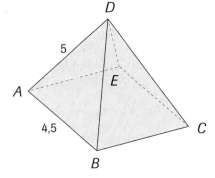

24 En 1997, le gratte-ciel le plus élevé du monde était situé en Malaisie. Il s'agissait des tours jumelles Petronas, à Kuala Lumpur. D'un certain point, l'angle d'élévation des tours est de 45°. Si l'on s'approche de 190 m, l'angle d'élévation devient de 60°.

a) À l'aide de la loi des sinus, trouve la distance entre le point de la seconde observation et le sommet de la tour.

b) Quelle est la hauteur des tours?

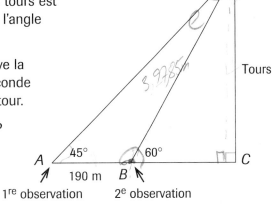

Construites par l'architecte Cesar Pelli, les tours jumelles Petronas étaient, en 1997, les plus hautes du monde.

25 Un site archéologique a la forme d'un quadrilatère dont les côtés mesurent 75 m, 70 m, 50 m et 58,5 m. Par ailleurs, une des diagonales du quadrilatère mesure 65 m.

a) Quelles sont les mesures des angles intérieurs du quadrilatère?

b) Quelle est l'aire de ce site?

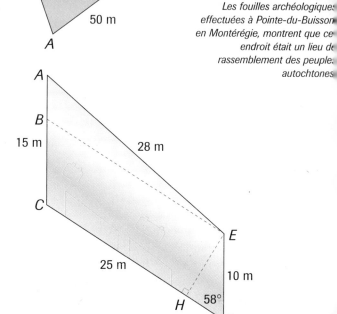

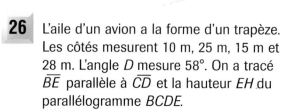

Les fouilles archéologiques effectuées à Pointe-du-Buisson en Montérégie, montrent que ce endroit était un lieu de rassemblement des peuples autochtones

26 L'aile d'un avion a la forme d'un trapèze. Les côtés mesurent 10 m, 25 m, 15 m et 28 m. L'angle *D* mesure 58°. On a tracé $\overline{BE}$ parallèle à $\overline{CD}$ et la hauteur *EH* du parallélogramme *BCDE*.

a) Quelle est la mesure de la hauteur *EH*?

b) Quelle est l'aire du parallélogramme?

c) Dans le triangle *ABE*, détermine la mesure de :

1) $\overline{AB}$ 2) $\overline{BE}$

d) Quelle est l'aire du triangle *ABE*?

e) Quelle est l'aire du trapèze *ACDE*?

27 Le côté d'un hexagone régulier mesure 10 cm. En joignant deux sommets, on trace une diagonale de manière à former un triangle. Détermine :

a) la mesure de cette diagonale;

b) l'aire du triangle formé;

c) l'aire du pentagone ainsi formé.

28 Deux points *A* et *B* sont séparés par une rivière. Deux arpenteuses veulent mesurer la distance entre ces deux points. Elles procèdent par triangulation. Sur la rive droite, elles ont pris, à l'aide de leurs instruments, les mesures indiquées dans l'illustration ci-contre. Détermine la distance entre :

a) *A* et *B*

b) *C* et *B*

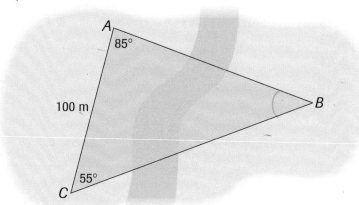

29 Une entreprise doit déboiser une zone forestière. Un relevé topographique des lieux montre que cette zone forme un triangle ayant pour sommets, dans un plan cartésien, les points de coordonnées (0, 0), (120, 20) et (60, 80). Détermine l'aire de cette zone. (Les coordonnées du relevé sont en kilomètres.)

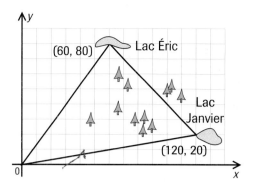

30

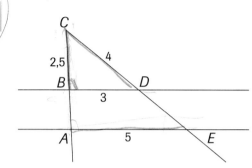

Dans la figure ci-contre, les droites *BD* et *AE* sont parallèles. D'après les mesures indiquées, détermine l'aire de :

a) △ *BCD*   **b)** △ *ACE*

31 **LA BOÎTE À GUITARE**

On veut construire une boîte pour ranger une guitare. Le plus petit angle mesure 25° et le plus grand 85°. Le côté qui joint les sommets de ces deux angles mesure 1,6 m. Quelle quantité de velours sera nécessaire pour tapisser l'intérieur si l'épaisseur de la boîte doit être de 15 cm ?

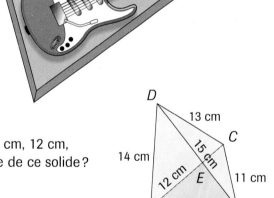

32 **LE TÉTRAÈDRE**

Les arêtes d'un tétraèdre mesurent 10 cm, 11 cm, 12 cm, 13 cm, 14 cm, et 15 cm. Quelle est l'aire totale de ce solide ?

33 **LE PISTON**

Un piston glissant dans un cylindre entraîne la rotation d'une roue dont le rayon est de 5 cm. La bielle qui relie le piston et l'extrémité du bras mesure 12 cm.

Sur quelle distance doit avancer le piston pour que l'angle passe de 40° à 140° ?

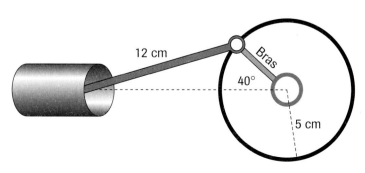

1. LA GRANGE

Pour soutenir le toit d'une grange, on a fabriqué des structures de bois semblables à celle qui est illustrée ci-dessous.

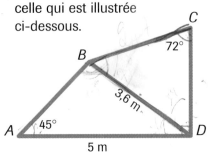

a) Quelle est la mesure de l'angle *ABD*?

b) Quelle est la mesure de l'angle *BDC*?

c) Quelle est la mesure de $\overline{BC}$?

d) Quelle est la mesure de $\overline{CD}$?

2. LA CANNE À PÊCHE

La canne à pêche de Thomas mesure 4 m. De l'extrémité de la canne à l'hameçon, une longueur de 4,9 m de ligne est déroulée. La ligne forme alors avec la canne un angle de 60°, et la droite imaginaire joignant la main de Thomas et l'hameçon forme un angle de 70° avec la canne.

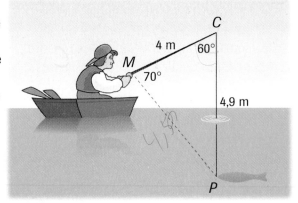

a) Détermine à quelle distance de l'hameçon est la main de Thomas.

b) Détermine l'aire du triangle *MPC*.

3. L'AFFICHE PUBLICITAIRE

L'affiche publicitaire d'un marchand de pièces d'automobiles a la forme d'un trapèze dont l'une des diagonales mesure 8 m. D'autres mesures sont indiquées sur l'illustration ci-dessous.

a) Quelle est la mesure de l'angle *ABC*?

b) Quelle est la mesure de la hauteur *h* issue du sommet *D* du triangle *ACD*?

c) Quelle est la mesure de la grande base de l'affiche?

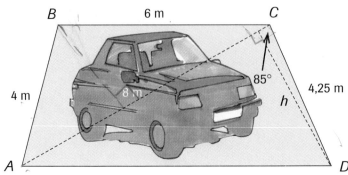

RENCONTRE AVEC...
HÉRON D'ALEXANDRIE
(vers 75 – vers 150)

On dit de vous que vous êtes l'un des premiers mathématiciens grecs à avoir fait des mathématiques appliquées. Que veut-on dire par cela?

À cette époque, la tradition voulait que la mathématique soit une science étudiée pour elle-même. J'ai décidé de rompre avec cette tradition et d'opérer sur les nombres plutôt que de les considérer seulement comme des grandeurs géométriques. Mon intérêt pour les mathématiques était plus que théorique.

Dans votre ouvrage *Les pneumatiques*, vous décrivez une centaine de machines mécaniques et de jouets. Donnez-nous quelques exemples de ces inventions.

Certaines de mes machines ont beaucoup fait parler d'elles! J'utilisais les propriétés des fluides dans la plupart de mes réalisations. J'ai fabriqué un engin qui projetait du feu, une horloge à eau, un odomètre, une machine pour soulever des charges, un siphon, des engins de guerre, un orgue hydraulique... J'ai également édifié des statues qui se déplaçaient sur elles-mêmes dans des fontaines.

Parlez-nous des « mystères » dont vous êtes l'auteur!

Au 1er siècle, la religion tenait une grande place dans la vie des Grecs et des Égyptiens. Les prêtres m'avaient demandé de réaliser des machines qui feraient croire aux gens qu'à chaque offrande qu'ils apportaient au temple les dieux leur feraient un signe. J'ai alors construit des statues qui pleuraient, levaient les mains et bénissaient les fidèles, ou même poussaient des soupirs. Cependant, le dispositif le plus spectaculaire que j'ai imaginé permettait d'ouvrir les portes du temple à l'approche des fidèles. L'autel leur apparaissait alors avec l'urne sacrée contenant un feu qui brûlait en permanence. Plusieurs étaient terrifiés! J'utilisais la vapeur et les gaz dégagés par le feu ainsi que des systèmes de poulies et de roues dentelées.

Mais il n'y a pas que la géométrie et la mécanique qui vous intéressaient. L'optique et la géodésie également !

En effet! Une de mes inventions en optique est d'ailleurs souvent utilisée dans les parcs d'attractions. Il s'agit de miroirs permettant, en se regardant de face, de voir l'arrière de la tête. Dans d'autres miroirs, les gens se voyaient reflétés la tête en bas.

Votre livre Les métriques porte sur la géodésie. Décrivez-nous un peu cette science.

L'origine de ce terme est grecque et signifie géométrie appliquée. Ainsi, contrairement à Euclide dont les travaux étaient strictement théoriques, je travaillais sur les applications de la géométrie : calcul des longueurs, des aires et des volumes.

Héron d'Alexandrie était un homme aux multiples talents pratiques : c'était un mathématicien, un ingénieur et un physicien.

On connaît Héron d'Alexandrie surtout pour sa formule originale servant à calculer l'aire d'un triangle sans en connaître la hauteur. Cette formule sert encore aujourd'hui aux arpenteurs et arpenteuses pour calculer l'aire d'un terrain lorsqu'on connaît seulement les mesures des côtés. Héron a également découvert une méthode amusante pour calculer la racine carrée d'un nombre, méthode souvent utilisée par les concepteurs et conceptrices de calculatrices et d'ordinateurs. En voici la démarche :

1° Estimer la racine carrée du nombre donné à partir du carré le plus près.
Ex. : $\sqrt{19} \approx \sqrt{16} \approx 4$

2° Calculer la moyenne de l'estimation et du quotient obtenu en divisant le nombre donné par l'estimation.
Ex. : $(4 + (19 \div 4)) \div 2 = 4,375$

3° Arrondir au centième près.
Ex. : $4,375 \approx 4,38$

4° Répéter la deuxième étape et arrondir au millième près. Continuer jusqu'à la précision désirée.
Ex. : $(4,38 + (19 \div 4,38)) \div 2 \approx 4,358\ 949\ 8...$
Ainsi, $\sqrt{19} = 4,358\ 898\ 9...$

```
√19
        4.358898944
```

En utilisant la méthode de Héron d'Alexandrie, calcule la racine carrée des nombres suivants, au millième près.

a) 10   **b)** 23   **c)** 47   **d)** 66

Mes projets

Projet 1 : La hauteur des édifices québécois

Fabrique un clinomètre, le plus précis possible, en utilisant le meilleur rapporteur d'angles possible. À l'aide de cet instrument et d'un bon ruban à mesurer, trouve et mesure la hauteur des cinq édifices les plus élevés de ton quartier ou de ta région.

Par la suite, compare tes résultats avec les mesures officielles qu'on peut obtenir des propriétaires des édifices ou de la municipalité. Présente ton travail sous la forme d'un reportage.

Stade olympique, Montréal.

Hôtel Le Concorde, Québec.

Usine, Rouyn-Noranda.

Projet 2 : Les polygones réguliers

Construis un tableau indiquant les formules pour trouver l'aire d'un polygone régulier (ou d'un polyèdre régulier) à partir de la mesure (c) de ses côtés.

Voici quelques étapes à suivre pour un polygone à n côtés :

1° Diviser le polygone en n triangles congrus dont l'un des sommets est le centre du polygone.

2° Déterminer la mesure des angles de ces triangles.

3° Déterminer l'apothème en utilisant le rapport trigonométrique approprié.

4° Appliquer la formule permettant de calculer l'aire d'un polygone régulier à partir de son périmètre et de l'apothème.

Étends ta recherche aux polygones réguliers de 3 à 10 côtés et présente-la de façon attrayante.

JE CONNAIS LA SIGNIFICATION DES EXPRESSIONS SUIVANTES :

Rapport trigonométrique : rapport des mesures de deux côtés d'un même triangle rectangle.

Cathète opposée à l'angle A : côté (ou mesure du côté) opposé à l'angle A dans un triangle ABC rectangle en C.

Cathète adjacente à l'angle A : côté (ou mesure du côté) qui forme l'angle A et qui n'est pas l'hypoténuse dans un triangle ABC rectangle en C.

Sinus de l'angle A : rapport de la cathète opposée à l'angle A à l'hypoténuse d'un triangle rectangle ABC.

Cosinus de l'angle A : rapport de la cathète adjacente à l'angle A à l'hypoténuse d'un triangle rectangle ABC.

Tangente de l'angle A : rapport de la cathète opposée à l'angle A à la cathète adjacente à l'angle A dans un triangle rectangle ABC.

Résoudre un triangle : déterminer toutes les mesures des angles et des côtés d'un triangle à partir de quelques-unes d'entre elles.

Loi des sinus : relation entre les mesures des côtés de triangles quelconques et les sinus des angles opposés.

JE MAÎTRISE LES HABILETÉS SUIVANTES :

Déduire des mesures d'angles et de côtés de triangles rectangles à l'aide de rapports trigonométriques.

Déduire des mesures de triangles non rectangles à l'aide des rapports trigonométriques.

Utiliser la loi des sinus et la formule de Héron pour résoudre des triangles quelconques.

Justifier une affirmation dans la résolution d'un problème.

TABLE DES NOMBRES ALÉATOIRES

17031	15532	16006	89840	44231	55053	57859	98136	97770	69560
46068	23960	51491	69217	69235	52827	19263	89194	24726	67945
29287	08655	33171	62907	54727	75276	94979	95023	33087	05835
13452	95111	24993	18476	45482	16698	38247	59071	26588	48372
54822	41406	14108	61813	81646	97975	26103	73433	15984	12248
61157	86506	36521	74559	95909	83124	58410	92789	40796	26484
06297	36767	53523	14324	87207	05735	81259	21006	37041	18175
06380	50714	29468	36676	92934	32241	33596	58725	54268	29531
16922	55536	02285	32303	12394	89836	73410	98591	00932	98470
75522	42808	52924	24688	24178	84663	78611	45748	11730	64919
77676	33246	65833	68819	01858	50522	94887	45814	43572	18939
92087	86889	84083	14650	08095	95590	97963	09335	97474	87457
12320	78625	16733	63782	45620	66638	71798	64974	61135	82106
52356	13378	53650	93061	87111	49382	64647	44638	41368	19047
07901	28539	89636	10385	62725	06591	28382	55094	88209	76728
56343	35970	02447	06844	40971	85887	47863	46252	37497	58570
58144	15741	01028	08871	01297	10732	74618	63693	67541	30104
99547	74293	07796	27114	58187	02955	91212	15016	99462	87670
09414	32790	84727	45600	94054	69968	96711	03620	13178	61944
04277	01667	72142	36426	97145	83220	16067	10268	19617	36639
07364	66305	45505	68845	96583	22892	42200	68326	18363	77033
65558	07846	35533	50124	72186	22898	50040	06093	98906	39580
70782	33400	30616	78710	92467	94177	57873	04405	52316	98513
00265	05446	80843	50570	66276	17289	82648	35778	83999	52254
23675	13661	97400	11151	28082	41771	32730	94989	04214	13908
80817	08512	43918	39234	45514	39559	44774	89216	28606	40950
28426	57962	36149	23071	01274	36321	42625	52913	92319	46602
21699	83058	78365	90291	41255	88742	90959	71911	12364	36500
76196	25126	75243	06455	09699	27259	87118	61898	34070	30663
29910	23090	03597	94026	22920	24888	12060	94269	26857	86418
88434	97038	07584	91689	20272	28419	31588	02629	10304	40897
19631	04682	73840	11159	07635	44424	73856	59622	19881	11576
09207	26807	35382	28345	56942	55028	05253	20412	32181	29668
47677	11154	22639	37745	18850	27436	46074	24186	31239	89847
72402	94986	61941	09619	47521	28566	64866	59213	76003	16418
70120	45782	18412	43100	08253	60693	24399	31778	74211	35853
36947	28111	78904	57756	84812	72046	90147	86847	85179	93120
50512	87468	29926	36505	30657	18856	76880	35595	73896	04326
62112	73064	46212	02202	73464	48659	10954	02926	00794	24981
82353	20212	18866	97787	13678	63246	68120	39120	33821	86064

INDEX

SOURCE DES PHOTOS

Nous tenons à remercier les personnes et organismes qui nous ont gracieusement fourni des documents photographiques. Nous remercions également le Collège Notre-Dame, le Lower Canada College, la Polyvalente Chanoine-Armand-Racicot et leurs enseignants et enseignante, Gérald St-Amand, Gary Harvey et Claude Boucher, de même que les élèves qui ont collaboré lors des séances de photographie.

p. 1 Foule: Réflexion Photothèque

p. 2 Adolescent et bouteille d'alcool: Int'l Stock/Réflexion Photothèque
Piscine du Stade olympique / Michel Gagné/Réflexion Photothèque
Inondations: Sheila Naiman/Réflexion Photothèque

p. 4 Parlement de Québec: T. Bognar/Réflexion Photothèque

p. 5 Fleuriste: Nawrocki Stock Photo/Réflexion Photothèque
Lecteur optique: Réflexion Photothèque

p. 6 Chaîne de montage: Chad Ehlers/Int'l Stock/Réflexion Photothèque
Ambulance: Nawrocki Stock Photo/Réflexion Photothèque

p. 7 Athènes: Nawrocki Stock Photo/Réflexion Photothèque
Atlanta: Phyllis Picardi/Int'l Stock/Réflexion Photothèque
Studio de radio: Jay Thomas/Int'l Stock/Réflexion Photothèque

p. 8 Sans-abri: Scoptt Thode/Int'l Stock/Réflexion Photothèque

p. 10 Compétition de natation: Nawrocki Stock Photo/Réflexion Photothèque

p. 13 Décharge: Nawrocki Stock Photo/Réflexion Photothèque

p. 14 Médecin: Réflexion Photothèque

p. 18 Friandises: R. Severijnen/Réflexion Photothèque
Coureuse: Réflexion Photothèque

p. 19 Homme, femme, ordinateur: Chuck Mason/Int'l Stock/Réflexion Photothèque

p. 20 Square Victoria: Anne Gardon/Réflexion Photothèque
Stationnement: Réflexion Photothèque

p. 21 Lune et étoiles: Mike Agliolo/Int'l Stock/Réflexion Photothèque

p. 22 Jeunes devant télé: Dusty Willison/Int'l Stock/Réflexion Photothèque

p. 24 Barrage: Nawrocki Stock Photo/Réflexion Photothèque

p. 25 Cartes à jouer: Gil Jacques/Réflexion Photothèque
Cornet à piston: Patricia Miller/Réflexion Photothèque

p. 26 Musiciens: Réflexion Photothèque

p. 27 Patineuse: Mauritius-Hubatka/Réflexion Photothèque

p. 28 Salade: Réflexion Photothèque
Formule 1: Campion/Camerique/Réflexion Photothèque

p. 29 Mains menottées: Réflexion Photothèque

p. 30 Jeu de quilles: Nawrocki Stock Photo/Réflexion Photothèque

p. 31 Baseball au Stade olympique: Michel Gagné/Réflexion Photothèque
Gymnaste aux anneaux: Bob Burch/Réflexion Photothèque
Gymnaste aux barres parallèles: Bob Burch/Réflexion Photothèque

p. 35 Baseball: G. Davies/Camerique/Réflexion Photothèque

p. 37 Policier: Réflexion Photothèque

p. 38 Basketball: Pat Tathan/Réflexion Photothèque

p. 39 Mont Sainte-Anne: Yves Tessier/Réflexion Photothèque
Skieur: Yves Tessier/Réflexion Photothèque

p. 42 Hockey: Bob Burch/Réflexion Photothèque

p. 43 Ringuette: Sheila Naiman/Réflexion Photothèque

p. 44 Gymnaste: Floyd Holdman/Int'l Stock/Réflexion Photothèque

p. 45 Cross-country: Yves Tessier/Réflexion Photothèque

p. 47 Pouponnière: Nawrocki Stock Photo/Réflexion Photothèque

p. 48 Tennis: Perry Mastrovito/Réflexion Photothèque

p. 49 Jeu d'échecs: Mauritius-Arthur/Réflexion Photothèque
Course de chevaux: Réflexion Photothèque

NOTATIONS ET SYMBOLES

{...} : ensemble

$\mathbb{N}$: ensemble des nombres naturels = {0, 1, 2, 3, ...}

$\mathbb{N}^*$: ensemble des nombres naturels, sauf zéro = {1, 2, 3, ...}

$\mathbb{Z}$: ensemble des nombres entiers = {..., –3, –2, –1, 0, 1, 2, 3, ...}

$\mathbb{Z}_+$: ensemble des nombres entiers positifs = {0, 1, 2, 3, ...}

$\mathbb{Z}_-$: ensemble des nombres entiers négatifs = {0, –1, –2, –3, ...}

$\mathbb{Q}$: ensemble des nombres rationnels

$\mathbb{Q}'$: ensemble des nombres irrationnels

$\mathbb{R}$: ensemble des nombres réels

A $\cup$ B : A union B

A $\cap$ B : A intersection B

A' : A complément

A \ B : A différence B

$\in$: ... est élément de ... ou ... appartient à ...

$\notin$: ... n'est pas élément de ... ou ... n'appartient pas à ...

$\subseteq$: ... est inclus ou égal à ...

$\subset$: ... est un sous-ensemble propre de ...

$\not\subset$: ... n'est pas inclus ...

$\frac{a}{b}$: fraction a, b

$a : b$: le rapport de a à b

$-a$: opposé de a

a^2 : a au carré

$\frac{1}{a}$: inverse de a

a^x : a exposant x

$a\,!$: factorielle a

$|a|$: valeur absolue de a

$\sqrt{a}$: racine carrée positive de a

$-\sqrt{a}$: racine carrée négative de a

$\bar{x}$: moyenne arithmétique

$\sum(x)$: somme des x

Méd : médiane

Mo : mode

$a \cdot 10^n$: notation scientifique avec $1 \le a < 10$ et $n \in \mathbb{Z}$

(a, b) : couple a, b

$[a, b[$: intervalle a, b ou classe a, b (fermé-ouvert)

$f(x)$: f de x, ou image de x par f

$x_1, x_2, ...$: valeurs spécifiques de x

$y_1, y_2, ...$: valeurs spécifiques de y

$=$: ... est égal à ...

$\neq$: ... n'est pas égal à ... ou ... est différent de ...

$<$: ... est inférieur à ...

$>$: ... est supérieur à ...

$\leq$: ... est inférieur ou égal à ...

$\geq$: ... est supérieur ou égal à ...

$\approx$: ... est approximativement égal à ...

$\cong$: ... est congru à ... ou ... est isométrique à ...

$\equiv$: ... est identique à ...

$\sim$: ... est semblable à ...

$\stackrel{\wedge}{=}$: ... correspond à ...

$\wedge$: et

$\vee$: ou

$\Rightarrow$: ... implique que ...

$\Leftrightarrow$: ... est logiquement équivalent à ...

$\mapsto$: ... a comme image ...

Ω : univers des possibles ou ensemble des résultats

$P(A)$: probabilité de l'événement A

$\overline{AB}$: segment AB

$m\,\overline{AB}$ ou mes $\overline{AB}$: mesure du segment AB

AB : droite AB

$\parallel$: ... est parallèle à ...

$\nparallel$: ... n'est pas parallèle à ...

$\perp$: ... est perpendiculaire à ...

$\angle A$: angle A

$\overset{\frown}{AB}$: arc d'extrémités A et B

$\overset{\frown}{AOB}$: arc AB passant par O

$\angle A$ ou mes $\angle A$: mesure de l'angle A

$n°$: n degré

$\llcorner$: angle droit

$\triangle ABC$: triangle ABC

t : translation t

r : rotation r

$\mathcal{d}$: réflexion $\mathcal{d}$

sg : symétrie glissée

h : homothétie h

$... \circ ...$: opération composition

$\mathcal{I}$: isométrie

Sim : similitude

k\$: millier de dollars

M\$: million de dollars

G\$: milliard de dollars

km/h : kilomètre par heure

m/s : mètre par seconde

°C : degré Celsius

C : circonférence

P : périmètre

P_b : périmètre de la base

d : diamètre

r : rayon

π : 3,141 59... ou $\approx$ 3,14

A_l : aire latérale

A_b : aire des bases

A_t : aire totale

V : volume

R_5 : rang cinquième

R_{100} : rang centile

Q_1, Q_2, Q_3 : quartiles

EI : étendue interquartile